Paul Talafo

Les premiers Seront les derniers Et les derniers Seront les premiers

———

Qui sont-ils ?

Job Daniel Jean

Copyright

Sauf exception signalée dans le texte, les citations bibliques sont de la version Segond révisé.

Du même auteur

Le disciple que Jésus-Christ cherche
Au bon souvenir de Marie Madeleine

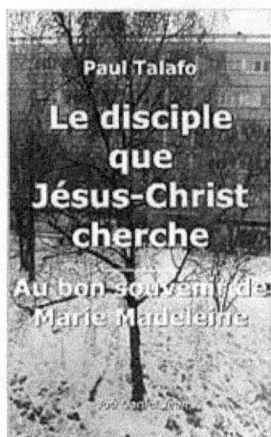

Un cœur brisé et contrit ou la
Repentance, la gratitude et la couronne
des vainqueurs

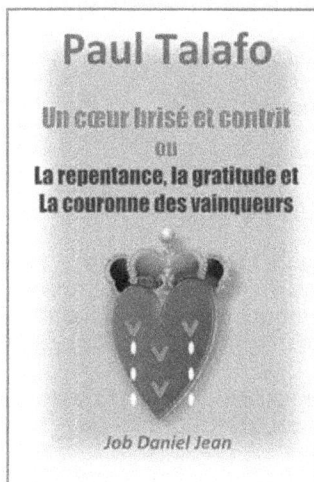

Du sacerdoce lévitique au sacerdoce du Christ, la lumière
Sur le salut par la grâce au moyen de la foi
Sur le fondement des apôtres et des prophètes

Sommaire

(Sommaire détaillé en marge ou en fin d'ouvrage pour version imprimée)

Introduction

«Les premiers seront les derniers, et les derniers les premiers». Cette déclaration du Seigneur Jésus-Christ peut, à première vue, donner à penser que ceux qui sont les premiers dans ce monde, seront finalement les derniers dans le royaume des cieux à venir. En toute honnêteté, quiconque analyse la vie de Jésus, marquée par l'abnégation et le don de Soi, ne tardera pas à se dire que tout compte fait, c'est du Jésus-tout-craché, une façon élégante de dire qu'Il est le seul à pouvoir s'élever aussi haut dans l'échelle de la sanctification. On pourrait alors conclure que l'unique façon d'entrer dans le royaume des cieux est de mener une vie d'abstinence, d'abnégation, de chasteté, de sobriété, de pauvreté, en bref une vie de dernier des hommes. De telles conclusions sont loin d'être stupides car corroborées par la vie de nombreux ascètes connus dans l'histoire de l'humanité. Cependant, cette affirmation est contrariée par plusieurs héros de la bible n'ayant pas mené une vie de privation ou d'ascète. C'est le cas d'Abraham, de Joseph, du roi David, des rois de Juda craignant Dieu tels Ezéchias, Josaphat, Josias. C'est le cas de nombreuses personnalités ayant exercé d'importantes fonctions dans le monde contemporain, tout en gardant une foi inébranlable dans le Seigneur Jésus-Christ. C'est aussi, dans une certaine mesure, le cas de Jésus Lui-même, accusé par de nombreux pharisiens de faire *bonne chère et d'être un buveur de vin* contrairement à Jean le Baptiste.

Sur un autre plan, les témoins de la vie selon la chair ne manqueront pas de relever des cas de grandes fortunes ayant fait faillite, des aristocrates déchus, des stars qui ont dégringolé de leur piédestal. Et inversement, on remarquera de nombreux cas de gens parvenus à la gloire à partir de rien, et même d'anciens esclaves devenus des grands de la cité. Ces exceptions permettent de relativiser la portée de ce verset biblique et de retourner la question suivante : qu'est-ce que le Seigneur Jésus-Christ a-t-Il réellement voulu dire, Lui qui n'était pas du genre à parler pour parler ? Quel mal par exemple y a-t-il à être plus en réussite que d'autres ? David devait-il rougir d'avoir terrassé Goliath et provoqué du coup la jalousie du roi Saül ? L'esclave juive Esther devait-elle se mutiler d'avoir gagné le concours de miss beauté qui l'a promue reine d'Assyrie ? Devons-nous renier nos atouts au moment d'occuper une place méritée au motif que les premiers seront les derniers ? Est-ce mauvais d'être premier ? Ce sont des questions curieuses qui tendent à renforcer le caractère énigmatique de cette déclaration de Jésus-Christ.

En parcourant les paroles de la bible, de la Genèse à l'Apocalypse de Jean, on décèle que cette vérité cache un des principes essentiels de la sanctification, le nerf de tout processus conduisant à la vie de vainqueur selon Dieu. Le Seigneur Jésus-Christ l'a appliqué à Sa propre vie pour fournir un bel exemple à Ses disciples. En effet, Jésus-Christ, le Premier-Né de la nouvelle création de Dieu, S'est offert Lui-même en sacrifice pour les péchés de l'humanité afin qu'une génération d'hommes et de femmes soit sauvée.

Le principe du premier devenant le dernier est au cœur de la démarche spirituelle sans laquelle nul ne peut accéder à la gloire selon qu'il est écrit : *l'humilité précède la gloire et l'orgueil le désastre.* (**Proverbes 3:34, 15:33, 18:12, 22:4, Sophonie 2:3, Jacques 4:6, 1 Pierre 5:5**).

Dans toute la bible, un cri s'élève sans cesse en direction des humains en ces termes : Soyez humbles ! Mais il se pose la question de savoir comment accéder à ce niveau d'humilité souhaitée par le Seigneur. Le présent livre en esquisse la réponse. Il fait le tour de la question et révèle la prépondérance de ce principe de sagesse dans la bible, de la Genèse à l'Apocalypse. Mieux, il exhorte à la recherche permanente de l'humilité dans tous les actes qu'on peut être amené à poser au nom du Seigneur, sans quoi, le chemin devient long et périlleux, sans garantie de victoire au bout du parcours. Il existe plusieurs conseils de sagesse menant à l'humilité, mais celui du Seigneur mérite le détour car il a l'avantage de venir directement d'en-haut au profit de ceux qui L'aiment.

A travers différents exemples concrets, ce livre révèle la profondeur et la largeur d'une déclaration qui, de nature parabolique et poétique au départ, se découvre comme le principe essentiel derrière le plan de Dieu pour réconcilier le monde avec Lui et conduire les hommes et les femmes au royaume des cieux par la sanctification en Jésus-Christ.

Sauf avis contraire, toutes les références bibliques sont de la version Second révisée. Elles sont reproduites dans le texte pour une meilleure exploitation. **Matthieu 5:10-13** signifiant : *livre de Matthieu, chapitre 5, versets 10 à 13*. Par souci de vérité, nous avons tenu à bien situer chaque verset biblique dans son contexte, en surlignant en gras la partie essentielle de l'explication. Le lecteur trouvera peut-être ennuyeux la reproduction intégrale des versets bibliques plutôt qu'un renvoi en notes de bas de page. Cela a été fait exprès car les versets mémorisés ont tendance à subir des déformations avec le temps. Est-ce dû à l'usure de la mémoire ou à l'œuvre du diable ? Probablement un peu des deux. Est-ce pour cela que les israélites, après une longue période à obéir aux commandements, recommençaient à s'éloigner de Dieu ? Possible. Nous notons que Moïse recommandait aux israélites de lier les commandements comme un signe dans leurs mains et comme des frontaux entre leurs yeux, voire de les écrire sur les poteaux et les portes de leurs maisons (**Deutéronome 6:8-9**). Cette précaution de Moïse n'est pas fortuite. Le lecteur est donc invité à ne pas s'exaspérer de cette reproduction des versets bibliques, mais plutôt à les lire de manière studieuse. Il remarquera que certains versets, qu'il croyait avoir bien retenus, se présentent sous un rapport différent. Nous avons mis en médaillon, sous forme d'encadrés, des mises au point particulièrement importantes. Enfin, tous les pronoms se rapportant au Seigneur Dieu ont été mis en majuscule par souci de précision et de sanctification de Sa personne. Que le Seigneur Dieu accompagne le lecteur et ouvre son esprit et son intelligence pour comprendre la longueur et la profondeur de Son amour pour les hommes et les femmes qu'Il agrée, en plus de Son appel à l'espérance de la première résurrection. *«Heureux et saints ceux qui ont part à la première résurrection ! La seconde mort n'a pas de pouvoir sur* *eux, mais ils seront sacrificateurs de Dieu et du Christ, et ils règneront avec lui pendant les mille ans»* (**Apocalypse 20:6**).

Quelques premiers et derniers

Moïse le premier, devint dernier puis…premier

Moïse était un israélite qui, à la naissance, dut subir le décret du pharaon d'Egypte qui redoutait l'expansion démographique du peuple hébreu descendant de Jacob en terre d'immigration. Pour les empêcher de croître, il avait ordonné aux sages-femmes égyptiennes de supprimer tout nouveau-né mâle chez les israélites, après les avoir déjà réduits à l'esclavage pour les mêmes raisons (**Exode 1:8-22**).

Mais la mère de Moïse vit que l'enfant était très beau, d'une beauté qu'elle mettait sur le compte de la providence divine (**Hébreux 11:23**). Elle décida donc de braver le décret royal en dissimulant le nouveau-né. N'en pouvant plus de le cacher après trois mois d'effort, elle fabriqua une espèce de nid dans lequel elle déposa le bébé avant de le glisser sur les eaux du Nil, à la grâce de Dieu. C'est à cette occasion que la fille du pharaon, qui se baignait par-là, découvrit cette forme étrange et adopta le petit. Moïse fut ainsi sauvé des eaux et devint membre de la famille royale avec droit de succession au trône d'Egypte (**Exode 2:2-10**).

Moïse, l'esclave israélite de naissance, devint un digne successeur de sa majesté le pharaon d'Egypte, ce qui lui procurait un rang au-dessus du peuple égyptien excepté le pharaon. Moïse était donc un premier dans cette cité antique si célèbre.

Puis vinrent les événements dans la zone des travaux qui forcèrent Moïse à tuer le surveillant égyptien qui molestait un de ses frères hébreux. La mort du surveillant fut le début d'une vie d'errance qui conduisit Moïse dans les plaines de son futur beau-père Jethro, un éleveur de bétail. Du statut de prince héritier de la couronne d'Egypte, avec tous les attributs et les costumes d'apparat qui l'accompagnaient, Moïse devint berger de bétail, passant des nuits entières à la belle étoile, sous le froid et les dangers, veillant sur la vie et la santé des bêtes dont il avait la garde, chaque perte pouvant être imputée à son salaire comme c'est d'usage chez les bergers. Recevant désormais ses ordres d'un berger et non du pharaon d'Egypte, on peut mesurer la déchéance sociale et financière de l'ex-prince. Moïse devint le dernier parmi les hommes, une sorte d'esclave, car sa subsistance dépendait de la sueur de berger aux conditions qu'on imagine loin des fastes du palais royal (**Exode 2:11-21**).

Selon le calendrier biblique, Moïse quitta son statut de prince d'Egypte à l'âge de quarante ans. Dieu lui apparut quarante années plus tard, à quatre-vingts ans. Après quarante années de vie princière (premier), il connut quarante années de galère (dernier). C'est de cette vie de dur labeur que Dieu l'appela pour libérer le peuple israélite et le conduire vers la terre promise.

Moïse, le premier, devint le dernier avant que Dieu n'intervienne pour l'élever au milieu de ses frères israélites.

Il reçut de Dieu un vibrant hommage de son vivant. Dieu dit : «*Écoutez bien Mes paroles ! Lorsqu'il y aura parmi vous un prophète, c'est dans une vision que Moi, l'Éternel, Je Me ferai connaître à lui, c'est dans un songe que Je lui parlerai. **Il n'en est pas ainsi de Mon serviteur Moïse. Il est fidèle dans toute Ma maison. Je lui parle de vive voix, Je Me fais voir sans énigmes, et il contemple une représentation de l'Éternel**»* (**Nombres 12:5-8**).

Joseph le premier, devint dernier puis…premier

Joseph est cet israélite, fils de Jacob, premier-né de Rachel, la femme que Jacob, Israël, chérissait le plus parmi ses quatre épouses. Joseph reçut plus tard le droit d'aînesse des douze fils de Jacob suite à la faute de

Ruben, son premier-né biologique. C'est l'affection particulière de Jacob envers Joseph qui poussa ses autres frères à le vendre à un marchand d'esclave, une façon de se débarrasser de lui par jalousie. Le marchand le vendit à un grand prêtre Egyptien (**Genèse 37:2-28, 36**). Joseph se rendit donc en Egypte malgré lui, à l'âge tendre, loin de son père et de son frère cadet Benjamin issu de sa mère. De fils chéri de son père, il devint esclave en Egypte, sans droit ni liberté. Il souffrit de ne plus voir ses parents pendant plus de vingt ans, jusqu'à ce que la main puissante de Dieu fasse de lui le gouverneur d'Egypte. Un avantage qu'il mit à profit pour renouer avec ses parents et les faire venir en Egypte en pleine pénurie alimentaire (**Genèse 39:1-46:6**). Après avoir chuté du statut de fils choyé (premier) à celui d'esclave (dernier), Joseph devint gouverneur (premier) par la main de Dieu.

Job le premier, devint dernier puis...premier

Job était un israélite riche et célèbre, *le plus considérable des fils d'Orient*. Il était béni matériellement et spirituellement et craignait Dieu. Il n'était pas comme ces riches que la richesse détourne des voies de la sagesse. En plus d'être père de sept garçons et trois filles, Job possédait les troupeaux les plus denses du royaume d'Israël, toutes espèces bovines et caprines confondues. Dans son désir de prouver que la foi de Job reposait sur ses bénédictions matérielles, Satan sollicita de Dieu la permission de l'éprouver.

Dans une succession de malheurs, Job perdit en l'espace d'une journée tous ses biens et ses enfants. Plus tard, le diable le frappa de lèpre comme pour l'éprouver davantage (**Job 1:1-2:7**). De premier parmi les personnages les plus importants du royaume, Job devint le dernier, la risée de la cité en plus d'autres frustrations. Malgré ces malheurs, Job ne maudit pas le nom de l'Eternel comme le diable espérait. Ayant passé avec succès cette terrible épreuve, Dieu restaura Job. Il retrouva son lustre d'antan. Sa femme mit au monde sept garçons et trois filles réputées les plus belles du royaume. Job vit ses fils et petits-fils jusqu'à la quatrième génération. Il retrouva le double de ses biens (**Job 42:10-17**). De l'homme le plus respecté d'Orient (premier), Job devint le plus pauvre (dernier), avant d'être réhabilité (premier) après une longue épreuve qu'il traversa avec succès.

Paul le premier, devint dernier puis...premier

Paul, alias Saul de Tarse, était docteur de la loi en Israël, de la tribu de Benjamin, circoncis le huitième jour, pharisien et disciple de Gamaliel, grand rabbin en Israël. Paul présentait le profil d'un homme qui avait réussi, un premier de classe. Il devait naturellement être une fierté pour sa famille et son parti religieux. Il comptait ainsi parmi les personnalités d'importance au point de recevoir du clergé juif de Jérusalem, des lettres d'accréditation l'autorisant à lier, enchainer et trainer à Jérusalem pour y être jugé, tout juif de la diaspora d'Orient coupable de suivre ou d'enseigner la voie du Christ. Cette mission, il l'accomplissait avec grand zèle et signa l'une des plus grandes pertes dans les rangs des chrétiens du premier siècle, la lapidation du diacre Etienne (**Actes 7:58**).

Sur le chemin de Damas où il se rendait tout hardi de poursuivre sa mission, il croisa le Seigneur Jésus-Christ qui mit fin au délire du pharisien et le transforma en un puissant outil de propagation de l'évangile, des premiers siècles à ce jour (**Actes 9:1-20**). L'apôtre Paul est en effet l'auteur biblique le plus prolifique et le plus lu, ayant signé à lui seul ou via ses collaborateurs directs, plus de la moitié des livres du Nouveau Testament.

Considéré comme traitre par le clan des pharisiens qu'il servait jadis, Paul fut persécuté à Jérusalem et au dehors. Ces derniers ne cessèrent de le traquer partout où son nom était invoqué dans sa mission apostolique.

Ce n'est pas une surprise s'il fût faussement accusé de toutes espèces de crimes allant des troubles à l'ordre public à l'incitation à la révolte. Pour échapper à ses adversaires, Paul dut se cacher et bénéficier de la vigilance des chrétiens de son époque. L'un de ces complots le mena enchaîné devant la justice de César à Rome. En exigeant la justice de César, de préférence à celle biaisée des juifs de Jérusalem, Paul retarda longtemps l'issue du procès afin de rendre témoignage du salut en Jésus-Christ aux rois, aux gouverneurs et à une foule de peuples. Pierre lui rendit un hommage mémorable (**2 Pierre 3:15**). Paul passa ainsi près d'une quinzaine d'années dans les chaines à défendre l'évangile de Jésus-Christ malgré les chaînes.

Après avoir été parmi les premiers, Paul dégringola dans l'échelle sociale pour devenir un prisonnier, vivant dans les chaînes, un dernier en quelque sorte.

Il est aujourd'hui, près de deux mille ans plus tard, l'auteur le plus lu de la bible, tous testaments confondus, un premier. Il a travaillé plus que tous les disciples de la première heure, notamment ceux qui avaient accompagné Jésus dans Son ministère terrestre.

Rahab la dernière, devint première

Selon la narration biblique, Rahab est cette prostituée qui accueillit sous son toit les deux espions que Josué, successeur de Moïse, envoya explorer la ville de Jéricho avant l'assaut final. Il n'est pas besoin de rappeler que la prostituée appartient à la classe sociale la plus repoussante de la société. Dans de nombreux pays, les prostituées n'ont aucun droit. La prostituée Rahab était donc une dernière.

Mais la bible relate qu'au lieu de soutenir son peuple, en lui livrant les deux espions israélites, elle les dissimula des chasseurs lancés à leurs poursuites (**Josué 2:1-21**). Cet acte héroïque fut récompensé par les israélites qui, dès la prise de Jéricho, épargnèrent la famille de Rahab.

Rahab profita de la venue des israélites à Jéricho pour se refaire une vie. Elle épousa l'un des ancêtres du Seigneur Jésus-Christ. Elle est la mère de Booz, père d'Obed, père d'Isaï, père de David, ancêtre de Jésus. Rahab est l'arrière-arrière-grand-mère du roi David, roi d'Israël (**Matthieu 1:5**).

De prostituée, Rahab est devenue l'ancêtre de Jésus-Christ. De dernière, elle est donc devenue une sorte de première.

Ruth la dernière, devint première

Ruth, du livre éponyme de l'Ancien Testament (**Ruth**), était une moabite, femme d'un israélite habitant avec ses parents dans le pays de Moab. Malheureusement son mari mourut sans lui laisser de descendance. A cette triste nouvelle, s'ajouta le décès de son beau-frère dans les mêmes circonstances. Rendue malheureuse par le sort qui s'acharnait, sa belle-mère Noémi, une israélite de la tribu de Juda, veuve de son état, congédia ses deux belles-filles afin de retourner dans sa patrie Israël. Ruth refusa de se séparer de Noémie sa belle-mère malgré l'insistance de cette dernière, privilégiant un avenir inconnu dans un pays lointain.

C'est ainsi que Noémi débarqua en Israël accompagnée d'une jeune veuve d'origine étrangère, Ruth la moabite. Au temps des patriarches bibliques, la veuve faisait partie des composantes vulnérables de la société, au même titre que l'orphelin et l'immigrant. Ruth était donc une dernière au destin d'autant plus triste qu'elle était veuve d'origine étrangère, un statut social redouté par les israélites craignant, par des alliances étrangères, de s'unir aux dieux étrangers, chose la plus abominable en Israël selon Moïse.

Grâce aux conseils de sa belle-mère Noémi, Ruth se lia à un parent fortuné, Booz qui, selon la coutume juive, avait le droit de rachat afin de perpétuer le nom de ce frère décédé sans enfant. Ce parent était au courant des malheurs de la jeune femme, ainsi que de son attachement à une patrie dont elle ne savait que peu de chose, Israël. Booz épousa Ruth.

Devenue la femme de Booz, fils de Rahab la prostituée (voir ci-dessus), elle est aussi devenue l'arrière-grand-mère du roi David, ancêtre du Christ (**Matthieu 1:5**). De dernière, Ruth devint une figure historique des successeurs de David sur le trône d'Israël, une ancêtre de Christ, une première en quelque sorte.

Esther la dernière, devint première au détriment du premier ministre Haman

Esther, du livre éponyme de l'Ancien Testament (**Esther**), était une israélite déportée, c'est-à-dire une esclave juive. Une dernière donc. Sur les conseils de son oncle Mardochée, déporté juif en service au palais royal, elle se présenta au concours de miss beauté destiné à pourvoir une femme à un roi dont le règne s'étendait sur cent-vingt-sept provinces. Ce concours présentait des affinités avec celui de Miss Monde ou Miss Univers, vu son rayon géographique de couverture.

Dominant la plupart de ses rivales, Esther remporta l'épreuve et devint reine d'Assyrie. Un poste qui lui permit en retour, de promouvoir son oncle Mardochée au poste de premier ministre, d'éventrer le complot visant à exterminer les Juifs du royaume. Cet acte héroïque est célébré chaque année par les Juifs du monde entier via la fête du Pourim. Alors qu'Esther et son oncle Mardochée étaient ainsi promus aux premières places du royaume, Haman l'amalécite, alors premier ministre et auteur du complot anti-juif, fut pendu sur le poteau anciennement dressé par ses soins pour Mardochée.

De dernière, l'esclave Esther devint reine, la première dame d'un royaume s'étendant sur cent-vingt-sept provinces.

David le dernier, devint premier au détriment du général Goliath et du roi Saül

David qu'on ne présente plus, tant sa victoire historique sur le géant Goliath est rappelée chaque fois qu'un petit terrasse un grand costaud, était le septième et dernier garçon d'une famille israélite de la tribu de Juda. Pendant que ses frères aînés étaient mobilisés dans l'armée d'Israël contre les philistins, leurs ennemis, David surveillait les brebis de son père. Son quotidien était alors fait de brebis à nourrir et traire en plus de soins divers. Le métier de berger était banal en Israël car faisant partie d'une tradition millénaire. Tout israélite, fille ou garçon, maîtrisait le métier de berger de petit bétail. David était donc bon dernier en plus d'être le benjamin d'une famille comptant sept garçons et deux filles.

C'est alors que survinrent les événements que l'histoire et l'actualité contemporaine désignent par «*David contre Goliath*». L'histoire révèle que l'armée d'Israël campait depuis plusieurs mois contre celle des philistins qui, en guise d'affrontement, proposait un duel entre son champion Goliath, colosse de taille imposante, et un vaillant soldat à choisir parmi les hébreux. Goliath était si imposant que les israélites peinaient à relever le défi et la situation durait depuis des mois. C'est au hasard d'une visite à ses frères mobilisés que David fut témoin des propos injurieux et blasphématoires de Goliath en direction d'une armée d'Israël tétanisée. On connaît la suite. Encore adolescent, David alla défier le géant philistin avec sa fronde et le tua. Ce jour fut une grande délivrance pour Israël.

David fut élevé au rang de héros national, général d'armée. Il pouvait alors sortir et ramener de nombreuses victoires pour le royaume d'Israël. Plus tard, il monta sur le trône d'Israël non sans avoir échappé à plusieurs complots mortels ourdis par l'ex-roi Saül. De dernier, David devint donc premier tandis que la famille du roi déchu Saül fut décimée par les philistins et de nombreux malheurs (**1 Samuel 15-31**). Quant à Goliath, son armure orna l'armurerie du roi David jusqu'à sa mort.

Marie Madeleine, de dernière, devint première

Marie Madeleine dont l'histoire fait l'actualité chrétienne depuis la nuit des temps, était une pécheresse convertie par Jésus-Christ. Des versions sérieuses de la bible la présentent comme une prostituée. Elle avait une sœur, Marthe, et un frère, Lazare. C'était une famille habitant la ville de Béthanie en Israël, une famille que Jésus appréciait beaucoup. Lazare fut d'ailleurs ressuscité par le Seigneur Jésus-Christ quatre jours après sa mort. Comme rappelé plus haut, le statut de prostituée est des plus dégoûtants dans la cité. Marie Madeleine était donc une dernière par son rang social.

Toutefois, par la grâce de la repentance et du pardon des péchés, elle devint servante du Seigneur Jésus-Christ, un vase d'usage noble (**2Timothée 2:20-21**), utile et propre à toute œuvre bonne. Elle reçut du Seigneur un témoignage particulièrement rare car Jésus ne Se laissait pas facilement impressionner : «*En vérité, Je vous le dis, partout où la bonne nouvelle sera prêchée dans le monde entier, on racontera aussi en mémoire de cette femme ce qu'elle a fait.*» (**Marc 14:9**). Selon l'évangile de Jean, elle est la première personne auprès de qui Jésus Se fit reconnaître après Sa résurrection (**Jean 20:15-17**). Il s'agit de signes distinctifs d'une personne que Jésus tenait en grande estime. Marie Madeleine, de dernière qu'elle était, s'est inscrite dans l'histoire du salut comme une première.

Neboukadnetsar le premier, devint dernier...puis premier

Aux jours où la désobéissance et l'idolâtrie du royaume de Juda se poursuivaient devant Dieu, longtemps après que le royaume du nord, la Samarie, fut déporté en Assyrie, Dieu suscita un adversaire implacable contre la rébellion de Juda et d'autres nations environnantes : le roi de Babylone, Neboukadnetsar, de qui le prophète Jérémie tenait les propos suivants : «*J'enverrai chercher toutes les populations du nord, — oracle de l'Éternel, et Neboukadnetsar, roi de Babylone, Mon serviteur ; Je les ferai venir contre ce pays et contre ses habitants et contre toutes ces nations à l'entour, afin de les vouer à l'interdit, et d'en faire un objet de stupéfaction et de raillerie, des ruines éternelles.*» (**Jérémie 25:9**). Neboukadnetsar est le roi de Babylone qui mit fin au royaume de Juda en déportant ses habitants. En tant que roi de Babylone, il était un premier. Il était en effet le roi le plus craint de toutes les nations de l'époque. Mais il s'en enorgueillit en s'attribuant un mérite personnel au lieu de rendre gloire à Dieu qui était derrière tout cela. Dieu se servit du prophète Daniel pour lui rafraichir la mémoire. Daniel lui annonça qu'il perdrait le pouvoir pendant sept ans durant lesquels il serait chassé dans la forêt pour y vivre comme une bête sauvage «*...Afin que les vivants sachent que le Très–Haut domine sur toute royauté humaine, qu'Il la donne à qui Il lui plaît, Et qu'Il y élève le dernier des hommes.*» (**Daniel 4:17** [**4:14 selon d'autres versions**]). Ces événements se produisirent comme l'avait annoncé le prophète Daniel. Après que Neboukadnetsar se repentit, Dieu le rétablit roi et il put rappeler ce souvenir comme leçon d'humilité. De premier, le roi devint dernier en vivant dans la forêt comme un sauvage. Après sa repentance, le roi déchu redevint premier.

Les anges, premiers, devinrent derniers

Il ne fait aucun doute que les anges sont les premières créatures de Dieu. Ils ont été créés avant l'homme, riches en beauté et en gloire. Ils sont d'un matériau indescriptible quoique la bible les compare souvent à du vent (**Hébreux 1:7**). La parole rend quelque part le témoignage suivant : «*Qu'est–ce que l'homme, pour que Tu Te souviennes de lui, le fils de l'homme, pour que Tu prennes soin de lui ? **Tu l'as fait pour un peu de temps inférieur aux anges**, Tu l'as couronné de gloire et d'honneur, Tu l'as établi sur les œuvres de Tes mains ; **Tu as mis toutes choses sous ses pieds. En lui soumettant ainsi toutes choses, Dieu n'a rien laissé qui reste insoumis.**»* (**Hébreux 2:6-8**). Ailleurs, il est écrit «*Ne savez–vous pas que **nous jugerons les anges** ? Pourquoi pas, à plus forte raison, les affaires de cette vie.*» (**1 Corinthiens 6:3**) et plus loin «*Ainsi désormais les principautés et les pouvoirs dans les lieux célestes **connaissent par l'Église** la sagesse de Dieu dans sa grande diversité*» (**Ephésiens 3:10**).

Il s'avère donc que malgré la primauté et la supériorité des anges à leur création, ils seront non seulement *jugés* par les saints, mais aussi *évangélisés* par l'Eglise. Jésus, en effet, n'est pas venu sauver les anges. Mieux encore, Il a pris la forme humaine comme Fils de l'homme. Il a ainsi confirmé les propos de l'apôtre Paul aux Corinthiens. Appelés à juger les anges, les hommes accèderont à une place prépondérante qui renvoie les premiers (anges) aux places inférieures.

L'astre brillant alias Satan, de premier, devint dernier

La bible nous dit qu'au commencement de son existence, avant de devenir Satan par la ruse et la corruption, l'astre brillant était bon et vertueux (**Ezéchiel 28:12-15**). Couvert de toute espèce de pierres précieuses (**V.13**), il avait la gloire de Dieu (**Apocalypse 21:11 ; 19-20**), privilège très rare car Dieu n'est pas connu pour l'accorder facilement (**Esaïe 42:8**).

Malgré des avantages qui faisaient de lui un premier parmi les anges de Dieu, autrement dit, la plus belle des créatures jamais créées, l'astre brillant corrompit ses voies et voulut s'asseoir sur le trône de Dieu (**Esaïe 14:13-14**). Dieu l'en éloigna avec sévérité (**V.15**) et prononça une série de jugements contre lui (**Esaïe 14:15-19, Ezéchiel 28:18-19, Apocalypse 20:10**).

Créé beau, magnifique et splendide, première des créatures de Dieu, l'astre brillant, alias Satan, est destiné à l'étang ardent de feu et de souffre où il sera tourmenté jour et nuit, aux siècles des siècles…comme un bon dernier.

Jésus le premier, devint dernier…puis premier

Jésus, le Fils de Dieu est le Premier absolu : «*Au commencement était la Parole, et la Parole était avec Dieu, **et la Parole était Dieu.***» (**Jean 1:1**).

Toutefois, pour sauver le monde de la perdition, la Parole s'est faite chair et a habité parmi les hommes. Ayant pris sur Lui les péchés de l'humanité, Il a été crucifié, devenant ainsi malédiction car «*maudit soit celui qui meurt à la croix*». Acceptant de devenir malédiction, Jésus est devenu le dernier des hommes. Pour Le récompenser de Son sacrifice expiatoire, «*Dieu L'a souverainement élevé en Lui donnant un nom au-dessus de tout nom afin qu'au nom de Jésus, tout genou fléchisse dans les cieux, sur la terre et sous la terre, et que toute langue confesse que Jésus-Christ est Seigneur à la gloire de Dieu le Père.*» (**Philippiens 2:9-11**) En Le faisant asseoir à Sa droite, Dieu L'a définitivement élevé à la première place.

On peut poursuivre cette liste à l'infini si on considère les acteurs postbibliques qui ont marqué le monde du premier siècle chrétien à ce jour.

Pourquoi Dieu (r)abaisse les premiers et (r)élève les derniers ?

On peut se demander pourquoi Dieu, dans Ses rapports avec les hommes et les femmes, ordonne-t-Il catégoriquement d'adopter un profil bas avant toute éventuelle élévation sous Son contrôle. Au fond quel mal y a-t-il à s'élever ?

La bible nous en fournit une explication que l'on peut remonter aux origines de la création de Dieu, pas celle qui débuta avec Adam et Eve, mais celle qui démarra avec les toutes premières créatures célestes : anges, chérubins, phalanges, séraphins, etc.

Lorsqu'on parcourt les saintes écritures, notre attention est attirée par de curieuses vérités que la pudeur ou l'incrédulité nous empêche de creuser. Il s'agit de vérités susceptibles de heurter nos préjugés sur la personne de Dieu. Nous disons que Dieu est saint, infaillible, immanent, absolu, parfait, omniscient, juste, tout-puissant, vrai, réel, éternel, perpétuel, immortel. Ces données sont gravées dans nos mémoires individuelles et collectives. Pour une raison que l'on ignore, sans doute liée à la pudeur et à notre dévotion, nous balayons ou refoulons tout événement susceptible d'en douter. Nous sommes prêts à douter de tout ce que font les humains sous le soleil, mais nous nous esquivons lorsque les vérités ci-dessus sont mises à l'épreuve des réalités visibles à l'œil nu ou par la science.

Pour révéler ma pensée profonde, il m'est arrivé de poser au Seigneur des questions très audacieuses du genre : Pourquoi le péché d'Adam a-t-il eu pour théâtre le Jardin d'Eden, un lieu céleste présumé immaculé ? Les lieux célestes seraient-ils le théâtre d'injustices, de souillures et de péchés alors qu'ils sont saints ? Pourquoi l'astre brillant, alias Satan, s'est-il rebellé étant au ciel ? Pourquoi a-t-il initié la corruption étant au ciel ? Pourquoi le Seigneur n'est-Il pas intervenu dans le Jardin d'Eden pour arrêter le processus de mort qui allait terrasser l'humanité entière, y compris ceux qui n'ont pas commis une faute semblable à celle d'Adam ? La liste est longue.

En général lorsque ces questions nous taraudent l'esprit, nous avons peur d'irriter Dieu et nous agissons comme devant un supérieur qu'on ne souhaite pas fâcher. Habituellement, devant les patrons de la terre, l'on a tendance à éviter les sujets qui fâchent, les sujets pouvant heurter leur conscience d'humains susceptibles. Et c'est sage d'agir ainsi car on fait montre de prudence. Toutefois la relation d'amour et d'intimité qui nous relie à Dieu ne mérite-t-elle pas que l'on crevât l'abcès de notre ignorance sur des questions aussi pertinentes ? Il est possible que nous manquions de jugement, auquel cas, le Seigneur Dieu Se chargera de nous corriger dans Son amour. Le terme guérir se prête mieux à cette circonstance. Au fond, si nous refoulons toujours des sujets qui tracassent par peur de fâcher Dieu, nous nous représentons alors Dieu comme un humain susceptible et impatient, ce qui ne L'honore pas, loin de là. Dieu est saint. Il est parfait dans Ses démonstrations comme les révélations à venir qui, non seulement balaient les doutes, mais permettent aussi de mieux percevoir la bible telle qu'elle : le poème d'amour le mieux écrit de tous les temps.

Aussi découvre-t-on que Dieu n'est pas hostile aux réflexions touchant à Sa sainteté, la profondeur et l'immensité de celle-ci. Dieu est saint quel que soit l'angle par lequel on L'observe, soit directement, soit à travers Ses créatures et actes. Dieu est prêt à engager la réflexion avec le plus retors de Ses créatures qui désire Le sonder sur toutes les vérités de l'existence.

En fait, on se rend compte que Dieu apprécie ces moments où l'esprit navigue dans les Saintes Ecritures pour L'interroger sur le pourquoi et le comment des informations qui s'y trouvent. Et nous devons faire chapeau bas devant cette lumière de Dieu qui surpasse tout entendement. La réponse de Dieu peut se résumer à la phrase suivante : «En veux-tu ? En voilà !».

Les révélations qui suivent sont les réponses aux questions exposées plus haut. Et nous pouvons nous extasier comme l'apôtre Paul et dire : *«O profondeur de la richesse, de la sagesse et de la connaissance de Dieu ! Que Ses jugements sont insondables et Ses voies incompréhensibles ! En effet, Qui a connu la pensée du Seigneur, Ou qui a été Son conseiller ? Qui Lui a donné le premier, pour qu'il ait à recevoir en retour ? Tout est de Lui, par Lui et pour Lui ! A Lui la gloire dans tous les siècles. Amen !»* (**Romains 11:33-36**).

Le Seigneur ne redoute donc ni la réflexion, ni d'être éprouvé sur Ses déclarations, même venant des esprits les plus retors. Si l'on s'approche de Lui, le cœur sincère, Il apportera les réponses à toutes les questions qu'on peut se poser sur Sa parole. Jésus n'a-t-Il pas promis que le Consolateur, le Saint-Esprit qu'Il enverrait, conduirait Ses disciples dans toute la vérité en leur rappelant Ses propos (**Jean 16:13**) ? En effet le Saint-Esprit est fidèle à cette promesse, Lui qui demeure au-dedans du disciple, honore parfaitement ladite promesse pour peu qu'on veuille *poursuivre la sanctification sans laquelle nul ne verra le Seigneur.*

Le passage biblique qui suit révèle qu'un jour, l'une des créatures les plus abouties de Dieu en splendeur et en beauté, un astre brillant, eut l'outrecuidance, en s'appuyant sur son apparence, de contester Sa Majesté Céleste et de soulever une partie de Ses créatures contre Lui. Cette trahison de l'astre brillant est l'un des événements les plus tragiques de la création de Dieu, toutes espèces célestes et terrestres confondues. Un acte qui eut un impact éternel puisqu'il continue d'influencer l'univers à ce jour. Un acte qui va révéler certains mystères de la création et prouver à quel point Dieu est saint et tout-puissant. L'astre brillant, alias le diable, ne s'attendait pas à être contré comme Dieu fit avec brio, tant au ciel où il échoua à s'asseoir sur le Trône divin, que sur terre lorsque, croyant définitivement avoir anéanti Jésus sur la croix, Celui-ci ressuscita le troisième jour. Judas Iscariote fut en effet manipulé par le diable (**Jean 13:2**). Cette trahison lui fut non seulement fatale, car les remords le poussèrent au suicide, mais bénéficia aussi à l'humanité qui pouvait dès lors croire en Jésus et recevoir le Saint-Esprit promis par Lui, c'est-à-dire la vie éternelle. Ainsi le diable n'affronte plus Jésus, le Fils unique de Dieu, mais de myriades de Jésus présents chez les disciples sous la forme du Saint-Esprit. Alléluia ! Jésus est passé de Fils unique à Premier-Né de la création de Dieu car, désormais, Il compte de myriades de frères cadets cohéritiers de Dieu avec Lui (**Romains 8:17**). Lorsque Jésus était seul sur la terre et qu'Il n'avait pas encore été glorifié, le diable pouvait suivre Sa trace et anticiper Ses faits et gestes. Mais aujourd'hui, le diable doit affronter Jésus en chaque disciple. Croyant, par la croix de trahison, en finir avec ce Jésus et Sa bande d'apôtres, le diable obtint l'inverse à ses dépens.

Evénement historique : La trahison de l'astre brillant qui disputa le trône de Dieu en s'appuyant sur sa splendeur (première place)

«*Quoi donc ! Tu es tombé du ciel, **Astre brillant**, fils de l'aurore ! Tu es abattu à terre, toi, le dompteur des nations ! Tu disais en ton cœur : je monterai au ciel, **j'élèverai mon trône au–dessus des étoiles de Dieu**, je siégerai sur la montagne de la rencontre des dieux au plus profond du nord ; je monterai sur le sommet des nues, je serai semblable au Très-Haut.*» **Esaïe 14:12-14**.

«*Tu mettais le sceau à la perfection, tu étais plein de sagesse, **parfait en beauté**. Tu étais en Éden, le jardin de Dieu ; **tu étais couvert de toute espèce de pierres précieuses**, de sardoine, de topaze, de diamant, de chrysolithe, d'onyx, de jaspe, de saphir, d'escarboucle, d'émeraude et d'or ; tes tambourins et tes flûtes étaient à ton service, préparés pour le jour où tu fus créé. **Tu étais un chérubin protecteur, aux ailes déployées ;** Je t'avais placé et tu étais sur la sainte montagne de Dieu ; tu te promenais au milieu des pierres ardentes. **Tu as été intègre dans tes voies**, depuis le jour où tu fus créé jusqu'à celui où l'injustice a été trouvée chez toi. **Par l'importance de ton commerce tu as été rempli de violence et tu as péché ;** Je t'exclus de la montagne de Dieu et Je te fais disparaître, chérubin protecteur, du milieu des pierres ardentes. **Ton cœur est devenu arrogant à cause de ta beauté, tu as corrompu ta sagesse par ta splendeur ;** Je te jette par terre, Je te livre en*

> *spectacle aux rois. Par la multitude de tes fautes,* **par l'injustice de ton commerce tu as profané tes sanctuaires ;** *Je fais sortir du milieu de toi un feu qui te dévore,* **Je te réduis en cendre sur la terre** *aux yeux de tous ceux qui te regardent.»* **Ezéchiel 28:12-18.**

La bible nous révèle que les anges existent, qu'ils ont été créés par Dieu comme des êtres supérieurs en gloire et en beauté. Les informations glanées ici et là, dans la bible, leur confèrent des pouvoirs extraordinaires comme, par exemple, leur capacité à se mouvoir indépendamment des aléas de la pesanteur, de l'espace et du temps. La pesanteur, l'espace et le temps n'ont pas d'effet significatif sur les anges. Ils sont immortels. Ils ont été créés par le Dieu et Père de notre Seigneur Jésus-Christ qui, en mettant en nous Son Esprit, nous a confirmé une vérité absolue et éternelle : Dieu est amour. Il est bon, bienveillant et miséricordieux. Il est *lent à la colère et riche en bienveillance et en fidélité*. Les fruits de l'Esprit achèvent de nous donner un aspect de la bonté de Dieu. Et Dieu n'a pas seulement été vertueux à partir de la création de l'homme car, autrement, Il serait sujet au changement. La bible nous dit qu'il n'y a en Lui aucune ombre de variation (**Jacques 1:17**). La bonté de Dieu n'a pas varié, qu'il s'agisse de l'homme ou, plus loin dans le passé, des anges. Quitter la présence de ce Dieu, si bon, n'est pas imaginable, un acte qu'un astre brillant a pourtant perpétré. La bible étant le livre de Dieu qui aime l'homme, centré sur l'homme, il est peu disert sur les anges. Toutefois, les exégètes sérieux s'accordent à attribuer à l'astre brillant, Lucifer alias Satan, les passages bibliques repris ci-dessus dans **Esaïe 14:12-14** et **Ezéchiel 28:12-18**.

Ces deux passages déroulent, à nos yeux, une description assez précise de l'astre brillant qu'était Satan, lorsqu'il exerçait comme *chérubin protecteur* auprès de Dieu, et sa dégringolade de la gloire céleste à la décrépitude terrestre. Créé *astre brillant* au ciel, il finit *cendre* sur la terre.

A l'origine, Lucifer était magnifique, sage et d'apparence fort belle, à nulle autre pareille. En tant que *chérubin protecteur*, il était vertueux car les protecteurs donnent de leur disponibilité pour une cause noble : il protégeait manifestement le trône de Dieu à l'instar des deux chérubins protecteurs, aux ailes déployées, sculptés sur le rebord supérieur de l'arche du temple d'Israël (**Exode 25:18-22**). Ce qui donne une idée de la position élevée qu'occupait Lucifer près de Dieu. En plus de cette qualité, il était *intègre dans ses voies*. La bible insiste particulièrement sur son apparence qui était **parfait en beauté,** de **toute** espèce de pierres *précieuses*. Ce devait être une créature extrêmement rare car l'unique parallèle qu'en donne la bible se trouve dans l'Apocalypse de Jean : «*La Jérusalem céleste, la ville sainte qui descendra d'auprès de Dieu, dont les fondements sont ornés de pierres précieuses de **toutes** espèces*» (**Apocalypse 21:19**). Comme la ville sainte a la gloire de Dieu (**Verset 11**), l'astre brillant fut donc créé par Dieu pour **refléter** Sa gloire. Autant dire que sa seule apparition rappelait à tous que Dieu est glorieux. C'est malheureusement cette incarnation extraordinaire de la gloire de Dieu qui l'a rendu arrogant et pervers : «*Ton cœur est devenu arrogant à cause de ta beauté, tu as corrompu ta sagesse par ta splendeur*» (**Ezéchiel 28:17**). Notons un détail très important. Ce n'est pas la splendeur de l'astre qui l'a corrompu, autrement, Dieu, l'Auteur de cette splendeur, aurait Sa part de responsabilité. Mais c'est l'astre brillant, lui-même, qui a corrompu sa sagesse en se servant de sa splendeur. La bible insiste bien par des propos ("Tu as") qui ne laissent aucun doute sur la responsabilité de l'astre brillant dans sa perversion. L'astre brillant n'avait donc pas eu la même traduction de sa splendeur que Dieu, son créateur. Au lieu d'en faire une source d'actions de grâce à la gloire de Dieu, il en fit un atout pour conquérir le trône de Dieu. Parlant du trône, il faut apporter la nuance suivante. L'astre brillant, de par sa splendeur et son incarnation de la gloire de Dieu, était assis sur un trône (position). Son problème est venu de ce qu'il voulut élever sa position au-dessus du niveau que Dieu lui avait assigné, en disant : «***J'élèverai mon trône au–dessus des étoiles de Dieu**, je siégerai sur la montagne de la Rencontre (des dieux) au plus* *profond du nord ; je monterai sur le sommet des nues, **je serai semblable au Très-Haut**.»* (**Esaïe 14:13-14**).

Cette expérience, sans doute une première dans l'histoire du mal depuis la création, a révélé un ou plusieurs problèmes à traiter dans la vie des créatures de Dieu.

Leçon essentielle de la trahison de l'astre brillant : Dieu appelle à se méfier des apparences et à estimer les réalités cachées

> *«L'homme regarde à ce qui frappe les yeux, mais l'Éternel regarde au cœur.»* **1 Samuel 16:7**.

> *«Aussi nous regardons, non point aux choses visibles, mais à celles qui sont invisibles ; car **les choses visibles sont momentanées, et les invisibles sont éternelles**.»* **2 Corinthiens 4:18**.

La première leçon du dérapage de l'astre brillant incite à se méfier des apparences. Le diable semble en avoir fait un important moyen de séduction de ses victimes. Même de nombreux conseils de sagesse exhortent à ne pas se fier aux apparences. *L'habit ne fait pas le moine* dit le dicton. La séduction par l'apparence est très antérieure au monde dans lequel nous vivons. C'est une arme que le diable maîtrise à la perfection car ayant eu à en user pour viser le trône de Dieu. La bible nous enseigne à ne pas juger selon les apparences (**Jean 7:24**). Cet avertissement est de la plus grande importance car il est difficile de résister à l'apparence. De nombreux exemples bibliques montrent que l'apparence a souvent été un piège pour le commun des gens. Saül, premier roi d'Israël, surpassait le reste de la population de sa tête, un signe extérieur de domination. La suite montra que Dieu le rejeta au profit de David. Absalom, fils de David, avait des cheveux plus abondants que tout homme en Israël. Il attenta au trône de son père avant d'être abattu. Avant la désignation de David comme roi d'Israël, son frère aîné Eliab, d'excellente apparence, était le favori du prophète Samuel. Mais l'Eternel l'en dissuada en précisant que «*l'homme regarde à ce qui frappe les yeux, mais l'Éternel regarde au cœur.*» (**1 Samuel 16:7**). Il n'est pas sans intérêt de signaler que Jésus-Christ n'avait pas une apparence qui Le distinguait du commun des mortels. Non seulement le prophète Esaïe l'affirma des siècles auparavant (**Esaïe 53:2**), mais les événements de la bible le confirment aussi. Si Jésus avait été d'apparence fort belle, la samaritaine de la bible n'aurait pas approfondi la discussion avant de se rendre compte qu'elle faisait face au Christ (**Jean 4:7-42**). Jésus exposa les secrets qu'aucun étranger ne pouvait deviner de la vie de cette femme, ce qui l'amena à reconnaître en Jésus le Messie attendu. Jésus passait souvent incognito parmi le peuple. De nombreuses personnes souhaitant Le rencontrer sollicitaient Son entourage car Son apparence ne Le distinguait pas des autres.

Seconde leçon de la trahison de l'astre brillant : ne jamais convoiter la première place

La trahison de l'astre brillant, devenu Satan, a non seulement interpelé les créatures de Dieu sur la nécessité de louer le Très-Haut, mais aussi à ne pas se servir de la première place comme passe-droit pour abuser des avantages. Ce procédé est souvent condamné par le législateur comme de l'abus de position dominante.

La leçon que Dieu inspire à Ses disciples est d'abandonner toute idée de convoiter la première place afin de se protéger de l'orgueil diabolique au profit de l'humilité. En effet, les premiers ou les grands sont orgueilleux, une attitude qui n'incite ni à apprendre, ni à s'humilier, mais plutôt à dominer. Aussi Dieu demande-t-Il à Ses disciples *d'être comme les petits enfants* (**Matthieu 18:3-4**). Les enfants apprennent car ils sont conscients de manquer d'expérience et de sagesse. Telle est l'attitude que Dieu attend de Ses disciples : un cœur humble et contrit, prêt à découvrir la vérité et à recevoir la connaissance.

Clarification : Dieu ne déteste ni la première place, ni la belle apparence

Devrait-on pour autant voir le danger derrière la première place ? Négatif, autrement, nous serions paranoïaques. Autrement, le monde condamnerait la première place et tout ce qui est beau. Dieu n'a rien contre la beauté, ni contre une bonne apparence. La bible mentionne de nombreux serviteurs de Dieu qui avaient soit la première place, soit une très bonne apparence. Joseph, fils de Jacob, avait bonne apparence au point de perturber l'épouse de son maître égyptien. Le roi David avait bonne apparence. Sara femme d'Abraham, Rebecca femme d'Isaac, et Rachel femme de Jacob, étaient des femmes très belles. Esther devint reine d'Assyrie après avoir gagné un concours de beauté. Dieu n'a absolument rien contre la beauté. Le problème de l'astre brillant, c'est sa lecture des avantages reçus de Dieu à sa création. Au lieu de louer Dieu, Auteur de ces choses extraordinaires, il en fit un atout pour pervertir ses voies et réclamer le trône de Dieu. Il voulut *élever son trône au-dessus des étoiles de Dieu et être semblable au Très-Haut.* Dieu le reprit sévèrement : «***Mais toi, tu es homme et non dieu**, et tu prends ta pensée pour la pensée de Dieu.*» (**Ezéchiel 28:2**). Cette phrase nous rappelle un épisode tendu entre Jésus et le diable où Jésus reproche à ce dernier d'avoir des pensées d'homme et non de Dieu : «*Arrière de moi, Satan ! Tu es pour moi un scandale, **car tes pensées ne sont pas celles de Dieu, mais celles des hommes**.*» (**Matthieu 16:23**). Ce que Dieu ne veut pas, c'est qu'on se serve de la belle apparence comme passe-droit.

Les disciples de Christ doivent donc veiller sur leurs voies et ne pas accorder d'importance particulière aux talents et avantages que Dieu leur donne, même si ces atouts les distinguent dans la cité. En s'écartant de cette voie de sagesse, les disciples risqueraient de suivre la voie de l'ennemi. Dans une de Ses nombreuses paraboles, Jésus s'écrie : *Malheur au serviteur que le maître surprendra entrain de rudoyer ses employés* (**Matthieu 24:45-51**). Ce serviteur rudoie les employés du maître parce qu'il abuse de sa position dominante. Au lieu de louer la magnanimité du maître qui l'a établi chef, il s'en sert pour rudoyer et malmener les employés. C'est de l'égoïsme. Un tel employé n'hésitera pas à trahir le maître pour prendre sa place. Ce serviteur de la parabole est le diable tandis que le maître est le Christ. Créé astre brillant, chérubin protecteur, intègre, le diable pervertit ses voies sur la base de ses talents : il voulut devenir l'égal du Très-Haut qui le remit à sa place. Satan est donc le grand conseiller égoïste qui encourage les hommes et les femmes à se regarder le nombril comme s'ils étaient seuls au monde, et à regarder les autres comme inférieurs.

La sagesse de Dieu et sa signification pour Ses créatures

«*Car puisque le monde, avec sa sagesse, n'a pas connu Dieu dans la **sagesse de Dieu**, il a plu à Dieu de sauver les croyants par la folie de la prédication*» **1 Corinthiens 1:21**.

«*Mais pour ceux qui sont appelés, tant Juifs que Grecs, Christ, puissance de Dieu et **sagesse de Dieu***» **1 Corinthiens 1:24**.

«*Or,* c'est *par Lui que vous êtes en Christ–Jésus qui, de par Dieu, a été fait pour nous **sagesse**, et aussi justice, sanctification et rédemption*» **1 Corinthiens 1:30**.

«*Cependant, c'est une **sagesse** que nous prêchons parmi les parfaits, **sagesse** qui n'est pas de ce siècle, ni des princes de ce siècle, qui vont être réduits à l'impuissance ; nous prêchons la **sagesse de Dieu**, mystérieuse et cachée, que Dieu avait prédestinée avant les siècles, pour notre gloire*» **1 Corinthiens 2:6-7**.

«*Ainsi désormais les principautés et les pouvoirs dans les lieux célestes connaissent par l'Église la **sagesse de Dieu** dans sa grande diversité*» **Ephésiens 3:10**.

«*La **sagesse d'en–haut** est d'abord* pure, *ensuite pacifique, modérée, conciliante, pleine de*

> *miséricorde et de bons fruits, sans partialité, sans hypocrisie»* **Jacques 3:17**.

> *«Ils disaient d'une voix forte :* L'Agneau *qui a été immolé est digne de recevoir puissance, richesse,* **sagesse***, force, honneur, gloire et louange».* **Apocalypse 5:12**.

> *«Amen. La louange, la gloire,* **la sagesse***, l'action de grâces, l'honneur, la puissance et la force sont à notre Dieu, aux siècles des siècles ! Amen».* **Apocalypse 7:12**.

S'il y a un terme qui foisonne de définitions, quoiqu'allant dans le même sens, c'est la sagesse. Si le dictionnaire numérique populaire Wikipédia la définit comme *«le savoir et la vertu d'un être»*, il révèle des variantes selon qu'il s'agit de la sagesse grecque, religieuse, occidentale et orientale, moderne et post-moderne, populaire. Les passages bibliques ci-dessus permettent également de distinguer la sagesse de Dieu de celle des hommes.

Sans rentrer dans ces variantes qui ont leur importance, nous pouvons retenir une leçon commune : **la sagesse s'acquiert et n'est pas innée. La sagesse n'est pas un caractère présent à la naissance, elle s'acquiert au terme d'un processus pouvant être long, dense et varié.** A ce titre, l'absence de sagesse à la naissance ne peut être considérée comme un défaut du géniteur (créateur, innovateur, fabricant, père, mère). C'est que par définition, la sagesse s'acquiert. Nul ne naît sage. Le seul à être sage depuis toujours est le Père des esprits, Dieu qui est, qui était et qui vient. Dieu n'est ni natif, ni une créature. Il est le Créateur. Il ne relève donc pas de la classe des natifs (êtres créés). Dieu n'est jamais né, n'a jamais été créé. Dieu est, était et vient. Aucun vocabulaire humain n'arrive à percer le mystère de Son existence. Ainsi la phrase biblique *«Dieu est, était et* *vient»* est une formule consacrée pour illustrer l'infinie existence de Dieu dans le passé, le présent et le futur.

Si nous prenons un nouveau-né à titre d'exemple, il est clair qu'il ne peut pas encore manger de la nourriture solide, ni entrer à l'université sans avoir un enseignement primaire et secondaire préalable. Est-ce que l'impossibilité pour ce nouveau-né de fréquenter l'université à sa première année est un défaut de la création ou de la race humaine ? Pas du tout car c'est un fait avéré que la sagesse s'acquiert dans un processus graduel et structurant, de la naissance à l'âge adulte.

Le constat ci-dessus est nécessaire pour appréhender la notion de perfection lorsqu'il est question de la création de Dieu. Car nous savons tous que Dieu est parfait. Aussi avons-nous tendance, et c'est compréhensible, de croire que tout ce qui touche à la création de ce Dieu parfait est ou doit être parfait. De là, l'énigme suivante : si Dieu est parfait, comment Ses créatures ont-elles pu pécher ? La tendance des créatures à pécher rend-t-elle imparfaite la création de Dieu ?

Nous disons que Dieu est parfait, qu'Il a été parfait dans Ses actes. La création des anges (y compris l'astre brillant alias Satan), celle des hommes (Adam et Eve) et des autres créatures terrestres et marines furent des actes parfaits du Très-Haut. Mais la sagesse n'étant pas un caractère natif, présent à la création, il appartient à la créature de l'acquérir. Ainsi, créés dans un acte parfait de Dieu, les anges et les hommes, faits à l'image de Dieu, se doivent d'acquérir la sagesse de Dieu. Il existe en effet plusieurs sagesses comme nous l'avons noté plus haut, mais autre est celle du Dieu Eternel. Quelle est donc cette sagesse de Dieu et que vise-t-elle ?

La finalité de la sagesse de Dieu

Si à première vue, chaque créature de Dieu peut avoir un avis personnel sur la sagesse de Dieu, la bible ne fait, en revanche, aucun mystère sur sa finalité. L'objectif ultime de la sagesse de Dieu est perceptible dans les versets bibliques ci-après :

> *«Car c'est à Toi qu'appartiennent dans tous les siècles, le règne, la puissance et la gloire»* **Matthieu 6:13**.

> *«L'Agneau qui a été immolé est digne de recevoir puissance, richesse, **sagesse**, force, honneur, gloire et louange»* **Apocalypse 5:12**.

> *«La louange, la gloire, **la sagesse**, l'action de grâces, l'honneur, la puissance et la force (sont) à notre Dieu, aux siècles des siècles ! Amen»* **Apocalypse 7:12**.

> *«Ainsi parle l'Éternel : Que le sage ne se glorifie pas de sa sagesse, que le fort ne se glorifie pas de sa force, que le riche ne se glorifie pas de sa richesse, **mais que celui qui veut se glorifier se glorifie d'avoir de l'intelligence et de Me connaître, de savoir que Je suis l'Éternel, qui exerce la bienveillance, le droit et la justice sur la terre ; car c'est à cela que Je prends plaisir,** —* Oracle de l'Éternel»* **Jérémie 9:23-24**.

Tous ces versets viennent des cieux. **Matthieu 6:13** est tiré de la prière enseignée par Jésus-Christ suite à une question de l'un de Ses disciples sur la manière de prier. **Apocalypse 5:12** et **7:12** viennent de la révélation de Dieu à l'apôtre Jean sur les temps de la fin. Le prophète **Jérémie 9:23-24 (22-23 selon version)** parle au nom de l'Eternel. Le but ultime de la sagesse de Dieu est que Ses créatures se prosternent et Lui reconnaissent *règne, puissance, gloire, richesse, sagesse, force, honneur, louange, action de grâce.*

Apocalypse 5:12 et **7:12** révèlent que ceux qui tiennent ces propos sont *«beaucoup d'anges autour du trône, des êtres vivants et des anciens, et leur nombre était des myriades de myriades et des milliers de milliers»* (**versets 5:11 et 7:11**). Il s'agit donc des êtres célestes aussi dignes de considération que l'astre brillant du temps de sa splendeur. Ces déclarations intervenant aux temps de la fin, impliquent que ces êtres célestes ont, depuis, acquis la sagesse de Dieu. Il leur aura fallu un temps d'apprentissage pour découvrir la sagesse de Dieu et s'y conformer, depuis le temps où ils furent créés.

Il appartenait donc à l'astre brillant d'accéder à la sagesse de Dieu en découvrant que Dieu est digne de recevoir *règne, puissance, gloire, richesse, sagesse, force, honneur, louange, action de grâce*. Mais il choisit une toute autre posture. Au lieu de la sagesse de Dieu qui aurait dû le pousser à louer le Très-Haut dans Ses hauts faits, l'astre brillant se focalisa sur sa splendeur pour rivaliser avec Dieu qui le recadra : *«Tu es homme et non Dieu !»*. L'astre brillant déplaça son regard, du Dieu digne de louange, vers sa propre gloire. Il ne prit pas à cœur de louer Dieu qui avait fait de lui un astre brillant, mais plutôt, il rivalisa dans l'intention de créer une entité parallèle concurrente à Dieu. Cela est tout simplement impossible selon le premier commandement de Dieu : *«Je Suis Dieu, tu n'auras pas d'autre Dieu devant Ma face»*. Le premier commandement consacre l'unicité de Dieu contre les faux dieux.

> Il est clair que la rébellion de l'astre brillant ayant eu pour fondement sa splendeur et sa beauté, critères caractéristiques d'un premier de classe, le principe consistant à accéder aux premières places par ces critères a été rejeté par Dieu pour Ses créatures en général, Ses disciples en particulier. Dieu a depuis établi que le chemin vers la gloire passerait dorénavant par la recherche d'une position d'humilité, loin de l'orgueil et de l'arrogance.

Cette grande leçon d'humilité est reflétée un peu partout dans les saintes écritures. En voici quelques versets bibliques :

«L'humilité précède la gloire et l'orgueil le désastre.» **Proverbes 3:34, 15:33, 18:12, 22:4, Sophonie 2:3, Jacques 4:6, 1 Pierre 5:5.**

«Mais Dieu a choisi les choses folles du monde pour confondre les sages ; Dieu a choisi les choses faibles du monde pour confondre les fortes ; Dieu a choisi les choses viles du monde, celles qu'on méprise, celles qui ne sont pas, pour réduire à rien celles qui sont, afin que nulle chair ne se glorifie devant Dieu.» **1 Corinthiens 1:27-29.**

Il apparait au terme de l'analyse ci-dessus que la sagesse s'acquiert et n'est pas un caractère natif. Il s'acquiert selon un processus encadré par Dieu en général. Il est clair que de nombreuses créatures de Dieu, notamment les êtres célestes, n'ont pas recherché **premièrement** la sagesse de Dieu. Certains ont suivi Dieu dans la recherche de Sa sagesse tandis que d'autres ont suivi l'astre brillant dans sa rébellion.

La finalité de la sagesse de Dieu est donc de reconnaitre que Dieu est digne de recevoir *règne, puissance, gloire, richesse, sagesse, force, honneur, louange, action de grâce.*

La rébellion de l'astre brillant a non seulement révélé que la sagesse n'était pas un caractère natif, mais aussi que toutes les créatures avaient besoin d'être évangélisées sur la sagesse de Dieu. C'est ce qui ressort du verset biblique (chapitre) ci-dessous.

Les principautés et les pouvoirs dans les lieux célestes connaissent par l'Église la sagesse de Dieu

> «*Ainsi* désormais *les principautés et les pouvoirs dans les lieux célestes connaissent par l'Église la sagesse de Dieu dans sa grande diversité*» **Ephésiens 3:10**.

Ces propos de Paul aux éphésiens dévoilent une mission particulière dévolue à l'église de Jésus-Christ : évangéliser les principautés et les pouvoirs dans les lieux célestes.

Il est intéressant de remarquer, en lisant les propos du même chapitre, un verset plus haut, que l'apôtre Paul considère cette révélation comme *la dispensation du mystère caché de toute éternité en Dieu* (**Ephésien 3:9**). C'est donc le plan éternel de Dieu, bien avant les âges, que Ses créatures connaissent Sa sagesse et soient *capables de comprendre avec tous les saints quelle est la largeur, la longueur, la profondeur et la hauteur de l'amour du Christ qui surpasse (toute) connaissance, en sorte que Ses* *disciples soient remplis jusqu'à toute la plénitude de Dieu* (**Ephésiens 3:18-19**).

Oh que Dieu est merveilleux ! Dès avant tous les temps, Sa préoccupation a toujours été que Ses créatures Le connaissent dans Sa sagesse et soient remplies jusqu'à toute la plénitude de Dieu. Oh constatons à quel point Dieu est amour et plein de bienveillance !

La création de Dieu n'a jamais souffert la moindre imperfection. Le fait qu'une partie de Ses créatures célestes, notamment l'astre brillant alias Satan, L'ait quitté, ne remet pas en cause la perfection de la création de Dieu. Il appartient à la créature de Dieu de Le connaitre dans Sa sagesse, laquelle sagesse n'est pas un caractère natif. Elle s'acquiert le long d'un processus graduel et structurant. Les créatures de Dieu ont le libre choix de la cultiver ou de s'en éloigner. C'est plutôt une démonstration de puissance de la part de Dieu que d'accorder à Ses créatures le droit de suivre qui elles veulent, Lui Dieu ou quelqu'un d'autre. Dieu aurait pu créer, à leur place, des robots obéissants au bouton ou au clic comme les hommes savent si bien le faire de nos jours grâce aux connexions avec ou sans fil. Mais un robot obéissant au doigt et à l'œil n'aurait rien révélé d'extraordinaire sur Dieu puisque les humains savent aussi en fabriquer tels que ordinateurs, machines à calculer, distributeurs de billets de banque, etc.

Dieu a donc créé des êtres libres d'agir en leur âme et conscience. Et Il S'est chargé de les conduire dans un processus graduel vers Sa sagesse. Mais en chemin, certains ont profité de cette liberté de conscience pour s'éloigner de Dieu. Ce choix malheureux ne remet pas en cause la perfection de Dieu, il met plutôt en lumière l'égoïsme de quelques-uns dont l'astre brillant qui voulut se servir de sa splendeur et de sa beauté pour contester avec Dieu. La puissance de Dieu est confirmée par le fait que de nombreuses créatures célestes ont parfaitement suivi Dieu dans Sa sagesse. Peut-être aurions-nous eu un petit doute si toutes les créatures célestes avaient suivi le diable. Mais que Dit la bible ? «*Je regardai et* *j'entendis la voix de **beaucoup d'anges autour du trône, des êtres vivants et des anciens, et leur nombre était des myriades de myriades et des milliers de milliers.** Ils disaient d'une voix forte : L'Agneau qui a été immolé est digne de recevoir puissance, richesse, sagesse, force, honneur, gloire et louange.»* (**Apocalypse 5:11-12**). On parle ici des êtres célestes, notamment les anges autour du trône, les (quatre) êtres vivants qui résident dans et autour du trône, les (vingt-quatre) anciens, tous présentés comme les pensionnaires premiers-nés du ciel. De nombreuses créatures terrestres ont aussi suivi la sagesse de Dieu et proclament que *«A celui qui est assis sur le trône et à l'Agneau, la louange, l'honneur, la gloire et le pouvoir aux siècles des siècles !»* (**Verset 13**). Le fait qu'Adam et Eve aient été séduits par le diable ne traduit pas une imperfection quelconque de Dieu dans leur création. Bien au contraire, il traduit la puissance et la capacité de Dieu à créer des êtres qui Lui soient semblables, donc dotés du libre arbitre quant à ce qu'ils veulent faire, qui ils veulent suivre, et malgré cela, parvenir à Ses fins selon Sa préscience. Il est l'Alpha et l'Oméga.

Aucune créature n'est autorisée à se glorifier en dehors de Dieu

> *«Ainsi parle l'Éternel : Que le sage ne se glorifie pas de sa sagesse, que le fort ne se glorifie pas de sa force, Que le riche ne se glorifie pas de sa richesse, **Mais que celui qui veut se glorifier se glorifie d'avoir de l'intelligence et de Me connaître, de savoir que Je suis l'Éternel, qui exerce la bienveillance, le droit et la justice sur la terre ; car c'est à cela que Je prends plaisir,** —* *Oracle de l'Éternel»* **Jérémie 9:23-24**.

Le prophète Esaïe clamait déjà que «*Dieu ne donnera Sa gloire à personne*» (**Esaïe 48:11**). Cette déclaration et plusieurs passages des saintes écritures tendent à démontrer que la question de la gloire préoccupe au plus haut point le Tout-Puissant. L'un des plus grands (possiblement le plus grand) attributs visibles de la majesté divine est Sa gloire pouvant se manifester dans un étalement de lumière et de brillance. Les termes "lumière" et "brillance" ont beaucoup à voir avec la gloire visible de Dieu. C'est ce qui ressort également des termes "astre brillant" (c'est Dieu qui l'a créé ainsi), "transfiguration de Jésus-Christ". D'autres facteurs expriment également la gloire de Dieu directement ou indirectement à travers Ses messies. Les messies de l'Eternel portaient sur eux la marque de leur accréditation céleste telle que les vêtements en peaux d'animaux, les cheveux longs et barbes hirsutes. Tous ceux qui craignent Dieu ont toujours été vigilants sur les signes extérieurs de la gloire de Dieu pour ne pas provoquer Son courroux.

D'une manière générale, Dieu n'apprécie pas que les gens se vantent. Dieu est seul digne de gloire dans les cieux comme sur la terre. La seule gloire tolérée est celle que Dieu accorde Lui-même à Sa créature. Une scène de la bible nous montre comment Dieu frappa le despote Hérode, coupable d'avoir reçu la gloire en dehors de Dieu : «*Au jour fixé, Hérode, revêtu de ses habits royaux, s'assit à la tribune et les harangua. Le peuple s'écria : Voix d'un dieu, et non d'un homme ! A l'instant, **un ange du Seigneur le frappa, parce qu'il n'avait pas donné gloire à Dieu**. Et, rongé par des vers, il expira*» (**Actes 12:21-23**). Dieu le frappa-t-il parce qu'il avait été glorifié ? Pas du tout. Il fut frappé parce qu'il avait été glorifié en dehors de Dieu. En méconnaissant la préséance de Dieu derrière la gloire reçue, Hérode s'éleva au niveau de Dieu et cela lui fut fatal. Une autre scène de la bible nous relate comment un ange avait refusé de s'attribuer la gloire de Dieu car estimant que seul Dieu méritait d'être adoré «*Et je (Jean) tombai à ses pieds pour l'adorer, **mais il (ange) me dit : Garde-toi de le faire !** Je suis ton compagnon de service et celui de tes frères qui ont le témoignage de Jésus. Adore Dieu !*» (**Apocalypse 19:10**). Jean était tombé aux pieds de l'ange, ce qui était embarrassant pour l'ange qui refusa net cette marque de considération pour rendre gloire à Dieu. L'ange fit connaître à Jean qu'il n'était qu'un collègue de service et conseilla plutôt : «*Voilà, adore Dieu !*». Une autre scène de la bible montre comment les apôtres Paul et Barnabas déchirèrent leurs vêtements en signe de désapprobation après avoir été déifiés par leurs hôtes (**Actes 14:13-14**). Si Hérode s'était repenti de l'adoration reçue de son peuple, à l'instar de l'ange cité ci-dessus, Dieu l'aurait épargné. Il n'en fit rien. Bien au contraire, il s'en réjouit et fut frappé. Amen.

On peut estimer qu'aller jusqu'à se faire adorer est une extrémité à éviter. Dieu refuse toute autoglorification. Nul n'a le droit de se glorifier de quoique ce soit en dehors de Dieu. Comme le précise le prophète Jérémie, quiconque souhaite se glorifier, doit se glorifier de connaître le Seigneur Dieu.

L'apôtre Paul s'adressait à ses contemporains en leur reconnaissant une certaine "gloire" parce que cette gloire s'inspirait de leurs actions au nom et en faveur de Dieu. Quiconque glorifie Dieu et seulement Lui, héritera de Dieu la gloire éternelle. L'apôtre dit en effet :

> «*J'estime qu'il n'y a pas de commune mesure entre les souffrances du temps présent et la **gloire à venir** qui sera révélée pour nous.*» **Romains 8:18**.

> «*Pour moi, je n'ai usé d'aucun de ces droits, et je n'écris pas ainsi pour qu'ils me soient attribués ; car j'aimerais mieux mourir !... Personne ne m'enlèvera ce **sujet de gloire**.*» **1 Corinthiens 9:15**.

> «*Aussi je vous demande de ne pas perdre courage à cause de mes tribulations pour vous ; elles sont **votre gloire**.*» **Ephésiens 3:13**.

Nul ne peut se glorifier ou se vanter de quoique ce soit sans mettre bien en avant le nom de Dieu. Le roi Hérode l'apprit à ses dépens. L'astre brillant (Satan) lui-même ne cesse d'en faire l'amère expérience en constatant, qu'en définitive, tous ses projets sont voués à l'échec. Si l'on revient à l'acte de rébellion de l'astre brillant, l'on se rend compte qu'il utilisa sa splendeur à des fins égoïstes, pour se mesurer au Très-Haut, et non pour rendre gloire à Dieu. Ce fut là son erreur et celle de ses complices. L'enfer leur a été réservé, une éternité de souffrance (**Matthieu 25:41, Apocalypse 20:10**).

L'une des finalités de la sagesse de Dieu est donc de ne pas s'attribuer la moindre parcelle de gloire dans ce monde en dehors de Dieu. Mais plutôt de rendre gloire à Dieu pour toutes choses et en toute occasion favorable ou défavorable comme exposé plus loin.

En conclusion sur la finalité de la sagesse de Dieu : Gloire et honneur à Sa Majesté Céleste, le Tout-Puissant, l'Eternel Dieu ! Dieu ne donnera Sa gloire à aucun autre signifie que nul n'a le droit de tracer un chemin indépendant de Dieu pour se glorifier. C'est Dieu qui reçoit la gloire et la transmet à qui Il veut. L'apôtre Paul déclare «*Car ceux qu'Il a connus d'avance, Il les a aussi prédestinés à être semblables à l'image de Son Fils, afin qu'Il soit le premier-né d'un grand nombre de frères. Et ceux qu'Il a prédestinés, Il les a aussi appelés ; et ceux qu'Il a appelés, Il les a aussi justifiés, et ceux qu'Il a justifiés, **Il les a aussi glorifiés.***» (**Romains 8:29-30**). On voit apparaître au bout de cette succession d'opérations que le disciple de

Jésus-Christ est glorifié par Dieu après sa justification. Or que signifie "Etre justifié" si ce n'est être réconcilié avec Dieu par le sang de Jésus ? Il s'agit donc d'une opération qui intervient seulement après que Jésus a été Lui-même glorifié sur la croix de Golgotha. On peut aussi dire que la gloire à laquelle Paul fait allusion à la fin du verset 30, provient uniquement de celle reçue par Christ à Sa résurrection. Cela explique donc que Dieu n'accordera Sa gloire à personne d'autre qu'à ceux-là. Hérode n'en faisait pas partie et fut frappé de mort pour usurpation de la gloire de Dieu. Toute gloire accessible aux créatures doit provenir de la Sienne et seulement celle-là. L'acte de rébellion de l'Astre brillant vient de ce qu'il entendait créer sa propre gloire et se faire introniser au-dessus des étoiles de Dieu, indépendamment de Dieu. La sagesse de Dieu condamne cette initiative «*Car il est écrit : Tu adoreras le Seigneur, ton Dieu, et à Lui seul, tu rendras un culte*» (**Matthieu 4:10**). Ce fut par ces mots que Jésus mit fin à la tentation du diable. Cette posture de Jésus résume parfaitement la finalité de la sagesse de Dieu. Dieu est donc digne de recevoir *règne, puissance, gloire, richesse, sagesse, force, honneur, louange, action de grâce*.

Toutes les prières adressées à Dieu sont généralement introduites et conclues par «Gloire à Dieu !», telle est la sagesse de Dieu qui surpasse toute intelligence, une sagesse que l'astre brillant, alias le diable, a ignorée pour son malheur et celui de ses acolytes.

Rendre gloire à Dieu en toutes circonstances favorables ou défavorables

On est souvent tenté de penser que le slogan "Gloire à Dieu !" ne peut être émis que dans des situations de victoire contre l'adversité, telle l'arrivée d'un nouveau-né dans un couple sans enfant depuis des lustres. Telle l'acquisition d'un véhicule après plusieurs années de galère, etc. Généralement, nous lançons ce cri quand tout va bien.

Qu'en est-il lorsque tout va mal ? Deux événements historiques de la bible nous en donneront une idée. Il s'agit premièrement du crime d'Akan, chef d'une famille de la tribu de Juda, qui occasionna la défaite d'Israël dans sa campagne militaire d'entrer en terre promise après quarante années de désert. Puis deuxièmement, des malheurs de Job. Ces deux événements ont largement endeuillé le peuple d'Israël pour le premier cas, avec la perte de trente-six combattants, et Job dans le second quand il perdit, en un jour, ses dix enfants et la totalité de ses biens. Au lieu des cris de détresse qu'on aurait dû entendre de la part des victimes, voici ce que relate la bible :

=> Réagissant au crime d'Akan, après avoir déchiré ses vêtements selon l'usage, Josué dit à ce dernier : «*Mon fils, **donne gloire à l'Éternel**, le Dieu d'Israël, et rends–Lui hommage : déclare–moi donc ce que tu as fait, ne me le cache pas !*» (**Josué 7:19**).

=> S'agissant de Job : «*Alors Job se leva, déchira son manteau et se rasa la tête, puis, se jetant par terre, il se prosterna et dit : Nu je suis sorti du sein de ma mère, et nu j'y retournerai. L'Éternel a donné, et l'Éternel a ôté ;* **que le nom de l'Éternel soit béni !***»* (**Job 1:20-21**).

Comment en de telles circonstances, les victimes peuvent-elles glorifier le nom de Dieu ? C'est ici la sagesse de Dieu : on doit glorifier Dieu en toutes circonstances favorables (ex. naissance d'un enfant) ou défavorables (ex. décès d'un proche).

Dieu ne saurait être tenu pour coupable des malheurs qui frappent les gens. Lorsque ces événements surviennent, on doit toujours songer à disculper le Très-Haut et Lui rendre gloire. On ne doit pas perdre de vue que Dieu est l'Alpha et l'Oméga. La survenue d'événements douloureux et leur nulle incidence sur Dieu qui ne change pas, démontrent que rien ne pourra infléchir les événements que Dieu a décidés bien avant la création de ce monde. Car en effet il est écrit : «*En lui (Jésus–Christ),* **Dieu nous a élus avant la fondation du monde, pour que nous soyons saints et sans défaut devant Lui. Dans Son amour, Il nous a prédestinés par Jésus–Christ à être adoptés, selon le dessein bienveillant de Sa volonté,** *pour célébrer la gloire de Sa grâce qu'Il nous a accordée en Son Bien–Aimé. En Lui, nous avons la rédemption par Son sang, le pardon des péchés selon la richesse de Sa grâce que Dieu a répandue abondamment sur nous en toute sagesse et intelligence.* **Il nous a fait connaître le mystère de Sa volonté, le dessein bienveillant qu'Il S'était proposé en Lui, pour l'exécuter quand les temps seraient accomplis : réunir sous un seul chef, le Christ, tout ce qui est dans les cieux et ce qui est sur la terre**» (**Ephésiens 1:4-10**).

Principales résolutions de Dieu suite à la trahison de l'astre brillant par l'apparence et la splendeur

Il est un fait avéré dans la bible. Dieu prend toujours des résolutions à la suite d'événements extraordinaires survenant entre Ses créatures et Lui. Qu'il s'agisse d'événements heureux tels que le sacrifice d'Abraham, le désir de David de Lui construire une maison, ou d'événements tristes tels que le péché d'Adam et Eve, la prostitution du roi Salomon avec les dieux étrangers de ses nombreuses épouses et concubines.

L'étendue de ces résolutions peut couvrir (i) la race humaine entière, condamnée à mort après le péché d'Adam (**Genèse 3:19**), (ii) un individu tel Moïse écarté de la terre promise et remplacé par Josué à la tête d'Israël (**Nombres 20:12**), (iii) une généalogie telle que la royauté éternelle accordée à David (**2 Samuel 7:16**) ou le sacerdoce accordé à Lévi (**Malachie 2:4-8**). Les résolutions de Dieu peuvent aussi impacter les pratiques et procédures telles que l'interdiction de condamner les fils pour les péchés des pères (**Deutéronome 24:16**) et la condamnation à la peine capitale de tous ceux qui portent atteinte à la vie du messie d'Israël.

Cette façon de faire n'est pas étrangère aux habitudes des hommes et femmes de la cité. C'est-à-dire que le législateur a l'habitude de s'inspirer d'un événement historique pour changer ou renforcer les lois en vigueur.

Dieu ne déroge pas à cette règle non plus. Ainsi concernant la trahison de l'astre brillant par l'apparence et la splendeur, des attributs visibles d'un premier de classe, Dieu a définitivement rejeté tout accès aux places d'honneur par l'apparence, la beauté et la splendeur. Dieu Se désigne même comme l'Auteur des décisions attribuant la première place, bien que les bénéficiaires la tiennent, en pratique, des actes administratifs. La bible dit en effet que *toutes les autorités ont été instituées par Dieu*

(Romains 13:1). Par ailleurs, en souvenir de l'astre brillant qui se servit de sa splendeur (attribut de premier) pour rivaliser avec Lui, Dieu exige que toute recherche de la première place se fasse via la dernière. Pour accéder à la première place, il faut plutôt chercher la dernière place, à l'inverse du diable.

Jésus ira jusqu'à expliquer à Ses disciples que quiconque d'entre eux voudra être le chef après Lui, soit le serviteur de tous. La bonne nouvelle est que Jésus a donné, Lui-même, l'exemple de cette stratégie d'accès à la première place via la dernière place. Dieu n'a pas épargné Son Fils Jésus qui, pour S'asseoir à la droite de Dieu (première place), a dû passer par la dernière place, la croix réservée aux brigands. Ci-dessous les différentes étapes de Sa descente aux enfers.

Les trois étapes de la dégringolade de Jésus-Christ avant Son triomphe

La parole de Dieu, la bible, est riche en versets évoquant le renoncement de Jésus à de nombreux avantages terrestres pour le salut de l'humanité. Nous allons nous contenter de l'un des plus marquants.

> «*Lui (Jésus) dont la condition était celle de Dieu, Il n'a pas estimé comme une proie à arracher d'être égal avec Dieu, mais **Il S'est dépouillé Lui–même**, en prenant la condition d'esclave, en devenant semblable aux hommes ; après S'être trouvé dans la situation d'un homme, **Il S'est humilié Lui–même** en devenant obéissant jusqu'à la mort, **la mort sur la croix**.*» **Philippiens 2:6-7.**

Ce passage décrit parfaitement les trois étapes du processus par lequel le Seigneur Jésus a quitté Son Père, abandonnant alors la gloire qui était la Sienne au ciel, pour conduire l'humanité au salut.

PREMIEREMENT Jésus S'est dépouillé Lui-même de la gloire divine. Avant d'accepter la mission de Son Père en faveur de l'homme, Jésus jouit auprès de ce Dernier de la gloire divine, Sa condition étant celle de Dieu (**V.6**). Avant Son arrestation par les soldats, Jésus pria : «*Et maintenant, Toi, Père, glorifie-Moi auprès de Toi–même **de la gloire que J'avais auprès de Toi, avant que le monde fût**.*» (**Jean 17:5**). Ainsi, avant que le monde fût, Jésus est auprès du Père, jouissant d'une gloire (couronne, sceptre, diadème) qu'Il a dû abandonner, le temps de Sa mission terrestre, pour ensuite la réclamer à la fin de celle-ci. Après S'être dépouillé de Sa gloire divine pour prendre la condition de l'homme (esclave d'un corps humain limité dans le temps et l'espace), Jésus va poursuivre le renoncement de Soi comme ci-devant.

DEUXIEMEMENT Jésus, devenu homme, S'est humilié en devenant obéissant. L'homme peut globalement se classer en deux catégories : grand ou petit. Les grands sont généralement les patrons, les chefs et les riches. Les petits sont les esclaves ou serviteurs, les subalternes et les pauvres. Les premiers donnent des ordres tandis que les seconds obéissent. Jésus, en devenant homme, aurait pu choisir la classe sociale d'en haut. Mais Il vint dans la famille d'un charpentier, un homme d'en bas, la classe qui obéit aux ordres. Nous savons à quel point il est difficile d'obéir aux ordres, qu'ils soient impératifs ou facultatifs. Dans le cas de Jésus, Il a été obéissant jusqu'à accepter le boulot qui tue, celui de S'offrir comme agneau expiatoire. Mais Son renoncement de Soi ne va pas s'arrêter à cette obéissance parfaite. Le type de mort en est l'illustration comme décrit ci-après.

TROISIEMEMENT Jésus accepte la mort sur la croix de malédiction. Beaucoup diront qu'une mort en vaut bien une autre car elle marque la fin de toute vie sous le soleil. Mais dans le cas du Christ, la mort sur la croix va signifier quelque chose de terrible car, en Israël, seuls les maudits mourraient ainsi (**Galates 3:13**). Jésus va donc accepter de devenir malédiction pour le salut des hommes. Que signifiait pour Lui, devenir malédiction ? Qu'Il devait accepter de devenir le péché qu'Il combattait en appelant Ses disciples à la sanctification. Comment pouvait-Il accepter cette épreuve si cruelle ? Devenir péché, c'est-à-dire : assassin, adultère, voleur, menteur, cruel, accapareur, parjure, usurpateur, idolâtre, prostitué, traitre, infâme, complice de tous genres d'abus. Tout cela à la fois. Cette troisième étape de renoncement de soi fut la plus cruelle de toutes. D'accord pour abandonner Sa gloire divine, ce qui en soi était déjà terrible car on sait ce qu'on perd en délaissant la gloire divine pour la vie humaine. Passe encore qu'on soit de la classe d'en bas ou qu'on soit obéissant jusqu'à accepter le boulot qui tue, encore que mourir pour un juste était héroïque. On pouvait encore mourir de mort naturelle comme monsieur tout le monde. Mais de là à devenir malédiction et péché ! Selon qu'il est écrit : «*Celui qui n'a pas connu le péché, **Dieu L'a fait devenir péché pour nous**, afin que nous devenions* *en Lui justice de Dieu.*» (**2 Corinthiens 5:21**). «*Christ nous a rachetés de la malédiction de la loi, **étant devenu malédiction pour nous** — car il est écrit : Maudit soit quiconque est pendu au bois* » (**Galates 3:13**). C'en était trop pour Lui. Dieu le Lui imposa pourtant et Jésus n'eut d'autre choix que d'obéir. La bible dit qu'Il sonda Son Père pour savoir s'il existait une alternative à cette terrible coupe de péchés qu'Il devait boire. Il supplia en effet : «*Père, **si Tu le veux, éloigne de Moi cette coupe.** Toutefois que ce ne soit pas Ma volonté, mais la Tienne, qui soit faite. **Alors un ange Lui apparut du ciel, pour Le fortifier.** En proie à l'angoisse, Il priait plus instamment, et Sa sueur devint comme des grumeaux de sang, qui tombaient à terre.*» (**Luc 22:42-44**). Jésus ne renonça donc pas à Lui-même sans la pression du Père.

La coupe de péchés que le Père imposa à Jésus ne passa pas sans douleur. Avant même d'aller à la croix, Jésus osa une question à Son Père sur la possibilité que cette coupe s'éloignât de Lui. Devant le silence du Père, Il Se plia à Son sort. Un ange du ciel vint Le fortifier, tant la souffrance Lui était insupportable. Cette coupe à boire était Son baptême de feu, Sa dernière souffrance avant la gloire éternelle.

Enfin, ces trois étapes de renoncement de Jésus-Christ à Lui-même préfigurent un message très important qui ressort tout au long de ce livre : le plus grand est le serviteur de tous. Jésus S'est fait le plus petit parmi les hommes afin d'être le Serviteur de tous. En demandant donc à Ses disciples d'être les derniers, s'ils désirent être grands dans l'église, Jésus ne fait que traduire Sa propre vocation céleste. Il veut que Ses disciples Lui ressemblent en recherchant, non pas la première place (comme celle qu'Il abandonna au ciel pour Sa mission), mais la dernière.

Application : le disciple ne doit jamais quitter sa place

Quitter sa place est une maladie courante dans le monde alentour, car cela traduit, bien souvent, le désir égoïste d'améliorer sa position. L'astre brillant fut le premier de la création de Dieu, bien avant le monde actuel, à vouloir améliorer sa position en s'appuyant sur sa splendeur et sa magnificence. Vouloir élever son trône (position) au-dessus des étoiles de Dieu, jusqu'à être semblable au Très-Haut, était la manifestation extérieure du fait qu'il avait perverti ses voies. En retour, le Seigneur Jésus interdit formellement à Ses disciples de quitter leurs places, celles où Lui, le Seigneur, les a placés. Plusieurs appels du Seigneur, allant dans ce sens, sont repris dans la bible dont voici quelques extraits :

=> **Jésus appelle le disciple à ne pas rechercher la première place dans les réunions**. «*Lorsque tu es invité par quelqu'un à des noces, ne va pas occuper la première place, de peur qu'une personne plus considérée que toi n'ait été invitée, et que celui qui vous a invités l'un et l'autre ne vienne te dire : Cède-lui la place. Tu aurais alors la honte d'aller occuper la dernière place. Mais, lorsque tu es invité, va te mettre à la dernière place, afin qu'au moment où viendra celui qui t'a invité, il te dise : Mon ami, monte plus haut. Alors ce sera pour toi un honneur devant tous ceux qui seront à table avec toi. En effet quiconque s'élève sera abaissé, et celui qui s'abaisse sera élevé.*» (**Luc 14:8-11**).

=> **Jésus appelle le disciple à demeurer en Lui, malgré les convoitises extérieures**. «*Demeurez en Moi, comme Moi en vous. De même que le sarment ne peut de lui–même porter du fruit, s'il ne demeure sur le cep, de même vous non plus, si vous ne demeurez en Moi. Moi, Je suis le cep ; vous, les sarments. Celui qui demeure en Moi, comme Moi en lui, porte beaucoup de fruit, car sans Moi, vous ne pouvez rien faire. Si quelqu'un ne demeure pas en Moi, il est jeté dehors comme le sarment, et il sèche ; puis l'on ramasse les sarments, on les jette au feu et ils brûlent. Si vous demeurez en Moi et que Mes paroles demeurent en vous,* *demandez tout ce que vous voudrez, et cela vous sera accordé. Mon Père est glorifié en ceci : que vous portiez beaucoup de fruit, et vous serez Mes disciples.»* (**Jean 15:4-8**).

=> **Dans l'église de Jésus-Christ, le plus grand est le serviteur de tous, le plus petit.** *«Le plus grand parmi vous sera votre serviteur.»* (**Matthieu 23:11**).

=> **Jésus exige de Ses disciples qu'ils soient humbles comme de petits enfants.** *«A ce moment, les disciples s'approchèrent de Jésus et dirent :* **Qui donc est le plus grand dans le royaume des cieux ?** *Alors Jésus appela un* **petit enfant**, *le plaça au milieu d'eux et dit : En vérité Je vous le dis, si vous ne vous convertissez et si vous ne devenez comme les* **petits enfants**, *vous n'entrerez point dans le royaume des cieux.»* (**Matthieu 18:1-3**).

On peut continuer d'égrener des versets sur le souhait de Jésus-Christ de voir Ses disciples adopter une position d'humilité en toute circonstance. Le diable n'ayant pas pu garder sa position lorsqu'il était astre brillant au ciel, l'humilité est une arme fatale contre ses manigances. Satan ne sait pas faire profil bas, ni conserver sa position. Sa tentative d'accéder au trône de Dieu traduit une tendance éternelle chez lui. Ainsi, partout où on lutte pour la conquête du pouvoir, Satan est présent et très actif dans les esprits. Les disciples de Jésus-Christ sont donc invités à rester à leurs places. Surtout dans les églises selon qu'il est écrit : *«Par la grâce qui m'a été donnée, je dis à chacun d'entre vous de* **ne pas avoir de prétentions excessives et déraisonnables, mais d'être assez raisonnables pour avoir de la modération,** *chacun selon la mesure de foi que Dieu lui a départie. En effet, comme nous avons plusieurs membres dans un seul corps, et que tous les membres n'ont pas la même fonction, ainsi, nous qui sommes plusieurs, nous formons un seul corps en Christ et nous sommes tous membres les uns des autres. Mais nous avons des dons différents, selon la grâce qui nous a été accordée : si c'est la prophétie, que ce soit en accord avec la foi ; si c'est le diaconat, que ce soit dans un* esprit de service ; *que celui qui enseigne s'attache à l'enseignement ; celui qui exhorte, à l'exhortation ; que celui qui donne le fasse avec simplicité ; celui qui préside, avec empressement ; celui qui exerce la miséricorde, avec joie.*» (**Romains 12:3-8**).

En définitive, toute tentative apparemment neutre de mettre les disciples de Jésus-Christ en compétition, les uns contre les autres, quelles que soient les circonstances, même dans une atmosphère de joie, doit être fortement déconseillée. L'être humain est adepte des compétitions à cause du suspense et de l'enjeu. Mais parce que la compétition peut pousser les disciples à se battre les uns contre les autres, et à cause de l'ennemi *qui rode comme un lion rugissant cherchant qui dévorer*, les disciples de Jésus-Christ sont instamment invités à rejeter tout esprit de compétition entre eux. Il est donc triste qu'un dirigeant pousse les disciples du Christ à la compétition en vue des places privilégiées autour de sa personne, à supposer que ce dirigeant occupe un piédestal dans la communauté. Les disciples doivent s'abstenir d'entrer dans ce jeu dangereux. Paul, faisant allusion à l'athlète en compétition de **1 Corinthiens 9:24-27**, indiquait uniquement que, sur un plan individuel, il veillait sur lui-même afin que la couronne promise par le Seigneur aux serviteurs fidèles lui soit réservée, tel un athlète qui s'impose toutes sortes de privations pour gagner le trophée. Loin de lui l'intention d'appeler les disciples à se battre les uns contre les autres comme si ces trophées étaient limités au ciel à une poignée de lauréats. Sur la terre, les compétiteurs peuvent prétendre, au plus, à trois places sur le podium : l'or, l'argent et le bronze. Mais au ciel, il y a autant de lauriers qu'il y a de disciples. Autrement, l'apôtre Paul n'aurait pas appelé les uns et les autres à de prétentions raisonnables (**Romains 12:3-8**), ni formellement interdit tout esprit de rivalité dans l'église : «*Ne faites rien par esprit de rivalité ou par désir inutile de briller, mais, avec humilité, considérez les autres comme supérieurs à vous–mêmes.*» (**Philippiens 2:3**).

Deux exemples d'humilité de Jésus-Christ

«Il s'éleva aussi parmi Ses disciples une contestation : lequel d'entre eux devait être estimé le plus grand ? Jésus leur dit : **Les rois des nations les dominent et ceux qui ont autorité sur elles se font appeler bienfaiteurs. Il n'en est pas de même pour vous. Mais que le plus grand parmi vous soit comme le plus jeune, et celui qui gouverne comme celui qui sert.** *Car qui est le plus grand, celui qui est à table, ou celui qui sert ? N'est-ce pas celui qui est à table ? Et Moi, cependant, Je suis au milieu de vous comme celui qui sert».* **Luc 22:24-27.**

Jésus se sert ici d'un principe propre au système de gouvernance de la terre, tous peuples confondus. En effet, d'un niveau à l'autre de la pyramide hiérarchique, le protocole gouvernemental terrestre prévoit que ceux d'en bas, ou les petits, servent les grands. Les ministres servent le roi ou le président. Les directeurs servent les ministres, et les préfets les gouverneurs. Les soldats servent les généraux. Les matelots servent les capitaines de navires. Ce système prévaut dans le monde entier. L'Eternel Dieu n'est pas contre cette hiérarchisation. Toutefois, dans la démarche proposée par Dieu, consécutive à la trahison de l'astre brillant, les disciples de Jésus-Christ devront être du côté de ceux qui servent (à côté de la table) et non de ceux qui se font servir (à table). Une fois de plus, comme indiqué plus loin, Dieu n'est pas contre le système de gouvernance hiérarchique de la terre car c'est Lui qui l'a institué (**Romains 13:1**). Il demande à Ses disciples de choisir les places de serviteurs (à côté de la table) et non celles du commandement (à table).

Les exemples ci-dessous nous en donnent une concrète illustration.

Jésus le Chef S'est chargé Lui-même de congédier les populations et non Ses disciples

*«Alors Il leur commanda de les faire tous asseoir en groupes sur l'herbe verte, et ils s'assirent par rangées de cent et de cinquante. Il prit les cinq pains et les deux poissons, leva les yeux vers le ciel et dit la bénédiction. Puis Il rompit les pains et les donna aux disciples, pour les distribuer à la foule. Il partagea aussi les deux poissons entre tous. Tous mangèrent et furent rassasiés, et l'on emporta douze paniers pleins de morceaux de pain et de poissons. **Ceux qui avaient mangé les pains étaient cinq mille hommes. Aussitôt après, Il obligea Ses disciples à monter dans la barque et à Le précéder sur l'autre rive, vers Bethsaïda, pendant que Lui–même renverrait la foule.** Quand Il eut pris congé d'elle, Il s'en alla sur la montagne pour prier. Le soir venu, la barque était au milieu de la mer, et Jésus était seul à terre. Il vit qu'ils avaient beaucoup de peine à ramer car le vent leur était contraire. A la quatrième veille de la nuit environ, Il alla vers eux en marchant sur la mer et Il voulait les dépasser. Quand ils Le virent marcher sur la mer, ils pensèrent que c'était un fantôme, et ils poussèrent des cris ; car ils Le voyaient tous, et ils furent troublés. Aussitôt Jésus leur parla et leur dit : Rassurez–vous, c'est Moi, n'ayez pas peur. Puis Il monta auprès d'eux dans la barque, et le vent tomba. En eux–mêmes, ils étaient tout stupéfaits ; car ils n'avaient pas compris le miracle des pains, parce que leur cœur était endurci. Après avoir achevé leur traversée, ils*

arrivèrent dans le pays de Génésareth, et ils abordèrent.» **Marc 6:39-53**.

L'épisode ci-dessus est remarquable car mettant en scène un Maître (Jésus) qui, après une longue journée de prédication, se prend de compassion pour les auditeurs nombreux L'ayant écouté jusque tard dans la soirée, obligés de rentrer chez eux affamés.

La scène la plus intéressante ne concernera pas, dans le cadre de cette illustration, le miracle de la multiplication-distribution de cinq pains et deux poissons à plusieurs milliers de personnes, événement remarquable en soi. Préoccupons-nous des actes posés à la suite du miracle. Après une journée de prédication, Jésus était manifestement plus fatigué que tout le monde. Il aurait donc dû, comme le font les grands de ce monde, confier à Ses disciples le soin de congédier la population. Une population de plus de cinq mille hommes, sans compter les femmes et les enfants, soit un effectif total pouvant atteindre, en estimation modérée, dix mille personnes. Nous sommes en effet habitués, lors des cérémonies présidées par les autorités, à accueillir les grands après que tout le monde s'est installé, et à les raccompagner avant tout le monde, les agents de service d'ordre se chargeant de renvoyer les autres seulement après.

Surprise donc. Jésus le Maitre des cérémonies va plutôt accompagner Ses disciples vers les barques en partance vers la prochaine destination que Lui rejoindrait plus tard, puis Se charger de renvoyer les populations, non sans difficulté car ces dernières ne manqueront pas de Lui exposer des cas individuels de maladies et d'handicaps. Avouons que congédier une dizaine de milliers de personnes n'est pas une tâche aisée, une tâche si épuisante que la sagesse commandait que Ses disciples l'appuyassent. Au contraire, Jésus va S'acquitter de l'immense tâche, passer encore du temps à prier à l'écart, avant de rejoindre Ses disciples dans une mer agitée que Jésus va calmer et permettre un accostage en douceur. C'est cela que Jésus appelle : *servir à côté de la table* et non *se faire servir à table*. C'est à cela que Jésus appelle Ses disciples.

Bien qu'Il fût fatigué, Jésus prit soin de mettre en sécurité Ses disciples dans des embarcations pour s'occuper personnellement de congédier les populations, alors que Ses disciples auraient bien pu L'appuyer comme c'est courant dans un monde hiérarchisé. Par cette attitude, le Seigneur indique que l'accès aux places élevées dans le système de Sa grâce se fait à contrecourant du monde hiérarchisé. Ses disciples en sont avertis.

Jésus le Chef, lave les pieds de Ses disciples et non le contraire

*«Jésus, qui savait que le Père avait tout remis entre Ses mains, qu'Il était venu de Dieu et qu'Il s'en allait à Dieu, Se leva de table, ôta Ses vêtements et prit un linge dont Il s'entoura. **Ensuite Il versa de l'eau dans un bassin et Se mit à laver les pieds des disciples et à les essuyer avec le linge qu'Il avait à la ceinture**. Il vint donc à Simon Pierre, qui Lui dit : Toi, Seigneur, Tu me laverais les pieds ! Jésus lui répondit : **Ce que Je fais, tu ne le sais pas maintenant, mais tu le comprendras dans la suite**. Pierre lui dit : Non, jamais Tu ne me laveras les pieds. Jésus lui répondit : Si Je ne te lave, tu n'as point de part avec Moi. Simon Pierre Lui dit : Seigneur, non seulement les pieds, mais encore les mains et la tête.» **Jean13:3-9**.*

«Après leur avoir lavé les pieds et avoir repris ses vêtements, Il Se remit à table et leur dit : Comprenez–vous ce que Je vous ai fait ? Vous M'appelez : le Maître et le Seigneur, et vous dites

*bien, car Je Le suis. **Si donc Je vous ai lavé les pieds, Moi le Seigneur et le Maître, vous aussi vous devez vous laver les pieds les uns aux autres ; car Je vous ai donné un exemple, afin que, vous aussi, vous fassiez comme Moi Je vous ai fait.** En vérité, en vérité, Je vous le dis, le serviteur n'est pas plus grand que son seigneur, ni l'apôtre plus grand que celui qui l'a envoyé. Si vous savez cela, vous êtes heureux, pourvu que vous le mettiez en pratique».* **Jean 13:12-17.**

Nous sommes ici dans une autre manifestation de l'humilité recommandée aux disciples qui occupent des positions élevées. Puisqu'il est question, dans les versets ci-dessus, de l'humilité du plus Grand, du Premier-Né de la nouvelle création de Dieu, Jésus-Christ. Le Seigneur, plutôt que de Se faire laver les pieds par Ses disciples (**verset 8**), Se permet de le faire Lui-même, une façon d'indiquer que le système de la grâce de Dieu suit une pyramide inverse du système gouvernemental selon la chair.

Il est clair qu'en ce temps-là, très peu parmi Ses disciples comprenaient Son geste puisque le Seigneur dit à Pierre *«Ce que Je fais, tu ne le sais pas maintenant, mais tu le comprendras dans la suite»* *(*verset 7*)*.

Dans le système hiérarchique en vigueur au sein des sociétés humaines, ce sont les petits (ceux d'en bas) qui lavent les pieds des grands. Hors Jésus, le plus Grand, Se met en quatre pour laver les pieds de Ses serviteurs les disciples. Incroyable mais vrai !

Quiconque est disciple de Jésus-Christ doit donc prendre à cœur, dans la communauté chrétienne, d'occuper la dernière place. Quiconque veut être le plus grand parmi Ses disciples doit être le serviteur de tous. Il ne s'agit pas seulement d'aider les collaborateurs (subalternes) dans l'œuvre du Seigneur, mais bien plus, de leur arracher les tâches humiliantes telles que l'organisation des chaises avant la réunion ou le rangement de ces dernières à la fin de la réunion. On peut parfaitement avoir des collaborateurs à qui on confie les sous-tâches, en se réservant les tâches managériales moins salissantes, puis dire que l'on sert le Seigneur. Au fond, même les païens font pareil. Tout manager de ce monde confie les tâches manuelles et dégradantes aux serviteurs pour vaquer aux tâches moins pénibles. Le Seigneur a congédié les populations après une soirée de prédication et S'est chargé de laver les pieds de Ses disciples ; et Dieu sait que ces pieds étaient sales et dégueulasses car à l'époque, les gens se déplaçaient à pieds sur un sol poussiéreux.

Le Seigneur fut suivi, dans cette leçon de sagesse, par Ses nombreux disciples après Son départ, notamment l'apôtre Paul. Ce dernier souligna l'importance, pour les disciples de Christ, d'accorder à ceux les moins visibles ou les plus vulnérables d'entre eux, une place importante dans l'église. Il dit en substance : «*L'œil ne peut pas dire à la main : Je n'ai pas besoin de toi ; ni la tête dire aux pieds : Je n'ai pas besoin de vous. Mais bien plutôt, **les membres du corps qui paraissent être les plus faibles sont nécessaires ; et ceux que nous estimons être les moins honorables du corps, nous les entourons d'un plus grand honneur. Ainsi nos membres les moins décents sont traités avec le plus de décence, tandis que ceux qui sont décents n'en ont pas besoin.** Dieu a disposé le corps de manière à donner plus d'honneur à ce qui en manquait, afin qu'il n'y ait pas de division dans le corps, mais que les membres aient également soin les uns des autres.*» (**1 Corinthiens 12:21-25**).

Par ces versets, l'apôtre Paul exhorte ses hôtes à prendre soin des membres les moins importants du corps de Christ dans les assemblées et ceci, pour souder l'église. Ah si les églises de la terre pouvaient suivre cet exemple, quelles bénédictions ne tomberaient pas sur les chrétiens ?!? L'évangélisation connaitrait un renouveau incroyable dans le monde.

Le diable a contaminé l'esprit du monde par le culte de l'apparence

Après sa tentative infructueuse d'accéder au trône de Dieu par la ruse, la splendeur et l'apparence, l'astre brillant alias Satan quitta la place qu'il occupait alors près de Dieu, celle de chérubin protecteur, pour devenir l'ennemi absolu numéro un, celui qui conteste avec le Très-Haut. Le diable va naturellement essayer de pervertir l'univers par sa stratégie consistant à ravir la première place par la ruse, l'apparence et la splendeur. Quand bien même on est loin de mériter la première place, le diable pousse à forcer le destin par la ruse. Dans tous les cas, le contestateur de ce siècle est prêt à soutenir tout processus fondé sur l'apparence et la splendeur.

En clair, alors que Dieu va S'inspirer de la trahison du diable pour disqualifier tout accès aux places d'honneur par l'apparence et la splendeur, ce dernier va agir dans le sens opposé et pousser les humains à tout conquérir par ces mêmes accessoires. Même si les humains connaissent bien l'adage qui dit que *l'habit ne fait pas le moine*, ils ne peuvent s'empêcher de vouer un culte à l'apparence et aux faux semblants comme on peut le constater chaque jour sous le soleil.

Le diable n'a pas besoin d'être présent en personne pour s'assurer de la collaboration de l'homme. En séduisant Adam et Eve, pourtant divinement averti de ne pas consommer de l'arbre de la connaissance du bien et du mal, le diable est parvenu à contaminer l'esprit humain qui, dorénavant, doute. Le diable interrogea Eve par ces mots : «*Dieu a-t-Il réellement dit : Vous ne mangerez pas de tous les arbres du jardin ?*» (**Genèse 3:1**). C'était la première fois que les propos de Dieu étaient contestés devant l'homme qui, au lieu de rejeter la séduction du serpent, lui prêta intérêt pour un résultat tragique.

Depuis lors, cette forme de réflexion est devenue la règle dans la pensée humaine. L'homme doute de tout. La maïeutique socratique en est un bon exemple. Selon le dictionnaire numérique Wikipédia, elle se résume à *l'art de poser des questions faussement naïves afin d'amener l'interlocuteur à se rendre compte de ses imprécisions et contradictions.*

L'homme du monde réfléchit aujourd'hui comme le diable, devenu le *prince de ce monde.* L'intelligence du monde est alors dite *obscurcie.* La bible nous relate une scène où Jésus sermonna Pierre en disant : «*Arrière de moi, Satan ! Tu es pour moi un scandale, car tes pensées ne sont pas celles de Dieu, mais celles des hommes.*» (**Matthieu 16:23**). Le diable ayant donc fortement infesté l'esprit humain par sa façon de penser, il faut que le disciple du Seigneur soit très vigilant face aux tentatives du diable d'influencer sa façon de penser et d'agir.

Pourquoi le psalmiste élève-t-il sa voie en disant : «*Heureux l'homme qui ne marche pas selon le conseil des méchants, Qui ne s'arrête pas sur le chemin des pécheurs, et qui ne s'assied pas sur le banc des moqueurs*» (**Psaumes 1:1**) ? C'est parce que la proximité physique des individus rapproche immanquablement leurs esprits. Ainsi celui qui fréquente une personne, se rendra compte sous peu qu'il tient désormais le même langage qu'elle, partage les mêmes aspirations et les mêmes goûts.

Le diable n'a donc pas besoin d'être personnellement présent partout où sont les hommes, il lui importe surtout qu'un membre de la cité soit l'un des siens. Dès cet instant, la contamination est en marche, peu importe le temps que cela prendra. Il sait que son espion saura inoculer sa pensée à ses interlocuteurs pour semer le doute et la désolation.

Nous examinerons ci-dessous quelques tentatives de prendre la première place sous l'inspiration du diable, à charge pour le disciple de s'examiner lui-même pour savoir où il se situe par rapport à cette contamination spirituelle. En cas de résultat positif, il lui faudra se repentir et prier le Seigneur de purifier son esprit infecté. Qu'il demande à Dieu *qui donne à tous libéralement et sans faire de reproche, et sa requête lui sera accordée.*

Ne pas rechercher la première place dans les réunions

> *«Lorsque tu es invité par quelqu'un à des noces, ne va pas occuper la première place, de peur qu'une personne plus considérée que toi n'ait été invitée, et que celui qui vous a invités l'un et l'autre ne vienne te dire : Cède–lui la place.* **Tu aurais alors la honte d'aller occuper la dernière place.** *Mais, lorsque tu es invité, va te mettre à la dernière place, afin qu'au moment où viendra celui qui t'a invité, il te dise : Mon ami, monte plus haut. Alors ce sera pour toi un honneur devant tous ceux qui seront à table avec toi. En effet* **quiconque s'élève sera abaissé, et celui qui s'abaisse sera élevé.***»* **Luc 14:8-11.**

> *«Car il vaut mieux qu'on te dise : Monte ici ! Que si l'on t'abaisse devant le prince que tes yeux ont vu.»* **Proverbes 25:7.**

Etes-vous souvent irrités de ne pas recevoir de considération lors des réunions ? De voir que des personnes plus considérées que vous se font accueillir sur le tapis rouge avec fanfare et haie d'honneur ? Etes-vous souvent irrités de remarquer que lors des réunions, le service d'ordre vous attribue une place moins visible ou moins confortable que d'autres alors que votre rang vous donne droit à un traitement meilleur ? Si de tels sentiments vous animent, alors il vous faut vous repentir de cette irritation devant Dieu et prier pour la purification de votre esprit. Car vous êtes tout simplement une cible privilégiée du diable. Un chrétien devrait glorifier Dieu pour l'absence de considération dont il est l'objet en réunion.

Ne pas attribuer les places dans l'église selon le rang social

*«Mes frères, ne mêlez pas à des considérations de personnes votre foi en notre Seigneur de gloire, Jésus–Christ. S'il entre dans votre assemblée **un homme avec un anneau d'or et un habit resplendissant, et s'il y entre aussi un pauvre avec un habit misérable** ; si, pleins d'attention pour celui qui porte l'habit resplendissant, vous lui dites : Toi, assieds–toi ici à cette place d'honneur ! et si vous dites au pauvre : Toi, tiens–toi là debout ! Ou bien : Assieds–toi au–dessous de mon marchepied ! Ne faites–vous pas en vous–mêmes une distinction, et n'êtes–vous pas des juges aux pensées mauvaises ?»* **Jacques 2:1-4**.

Il en est du ressentiment lorsqu'on est sous-estimé dans les réunions, comme de l'attribution des premières places dans les réunions chrétiennes sur la base de l'apparence et du rang social. A ce titre, nous pouvons déjà remarquer que l'existence de chaises luxueuses réservées pose un sérieux problème d'inégalité. Suivant la mise en garde de Jacques, auteur du verset ci-dessus, il n'y a pas, dans l'église, de personne plus importante que d'autres quel que soit le titre ou le rang social.

S'il vous arrive d'attribuer, dans l'église, des places sur la base de l'apparence, ou même de prévoir des chaises luxueuses pour certaines personnalités, alors il vous faut vous repentir de ce désordre devant Dieu et prier pour la purification de votre esprit.

On ne dénoncera jamais assez l'introduction des traditions – mêmes vertueuses – du monde dans les églises du Seigneur. Dans le système gouvernemental du monde, il est normal que le siège du roi, du président ou du maître de cérémonie ait une visibilité spéciale, une façon de l'honorer. Cela est normal dans le monde. Mais Jésus qui a lavé les pieds de Ses disciples interdit formellement cette discrimination dans l'église.

Ne pas convoiter la première place sur la base de l'apparence

«*Mais l'Éternel dit à Samuel : Ne prends pas garde à son apparence et à sa haute taille, car Je l'ai rejeté. Il ne s'agit pas de ce que l'homme considère ; **l'homme regarde à ce qui frappe les yeux, mais l'Éternel regarde au cœur.**»* 1 Samuel 16:7.

Si pour une raison ou une autre, vous êtes poussé à réclamer des avantages sur la base des attributs visibles (beauté physique, taille et apparence athlétique) ou moins visibles (diplôme, grade, parenté et autres affinités), alors votre esprit est sous l'influence d'un esprit diabolique. Les attributs plus ou moins visibles ont naturellement leur importance, autrement les humains n'auraient jamais développé l'éducation nationale et son cursus diplômant. Toutefois, pour le disciple appelé à se méfier de la première place et à s'attendre au Seigneur pour toute promotion, il y a lieu de relativiser l'importance de ces attributs et laisser au Seigneur le soin de trancher. Il arrivera que le Seigneur, pour des raisons qui Lui sont propres, mette Son disciple sous l'autorité d'une personne moins talentueuse et moins diplômée. Les diplômes ont leur importance mais ne garantissent pas la performance et les résultats. L'histoire est riche de diplômés qui ont failli et d'autodidactes qui ont réussi.

Ne pas envier le succès des autres

Les humains ont tendance à s'inquiéter davantage des personnes vulnérables au détriment de celles qui réussissent. Ce sont les nécessiteux qui ont besoin d'attention à l'instar des *malades qui ont besoin de médecins*. Toutefois, certains vont plus loin en détestant ceux qui réussissent. Quiconque développe ce sentiment est infesté de l'esprit de jalousie, d'envie et de convoitise.

La bible commande de ne pas envier le succès d'autrui (**Psaume 37:7**). Il est plutôt recommandé de bénir les gens, même nos ennemis (**Matthieu 5:44**).

Pourquoi les premiers deviennent-ils les derniers, et les derniers les premiers ?

Pourquoi les premiers deviennent-ils les derniers ?

Les premiers deviennent les derniers parce qu'ils ont tendance à imputer leurs réussites à leurs mérites personnels et non à Dieu.

Les premiers de classe mettent en avant leurs efforts personnels, leurs talents innés et les différents sacrifices consentis.

Les héritiers de grandes fortunes imputent leurs richesses aux actes héroïques de leurs ascendants biologiques. C'est parce que tel ancêtre était très brillant ou astucieux en affaires.

Les princes héritiers imputent leur royauté au caractère conquérant et protecteur de tel héros ancestral. Plusieurs royautés furent fondées sur les prouesses d'un guerrier habile qui organisa la cité et obtint en retour une dynastie royale héréditaire.

Les artistes et athlètes imputent leurs succès aux prédispositions et talents naturels. Rarement Dieu est cité derrière leurs réussites. Les publicités faites autour de leurs noms mettent en avant le "fighting spirit" ou esprit conquérant, ce qui a pour effet de classer les humains entre vainqueurs et perdants.

Les premiers ont donc tendance à ignorer la gloire de Dieu et à mettre en avant le mérite personnel, ce qui a pour effet de rappeler le souvenir d'un astre brillant (Satan) qui convoita le trône de Dieu par sa splendeur.

Aussi Dieu recadre-t-Il ces premiers en les rappelant à Son bon souvenir. On ne sera donc pas surpris que des malheurs et fortunes diverses atteignent ces champions orgueilleux qui n'ont pas glorifié Dieu dans leurs succès, préférant mettre en avant leurs talents naturels. C'est dans un accès de colère que Jacques pousse un cri contre ces premiers : «*A vous maintenant, les riches ! Pleurez à grands cris à cause des malheurs qui viendront sur vous ! Votre richesse est pourrie, vos vêtements sont mités. Votre or et votre argent sont rouillés ; et leur rouille s'élèvera en témoignage contre vous et dévorera votre chair comme un feu. Vous avez amassé des trésors dans ces jours qui sont les derniers ! Voici : le salaire des ouvriers qui ont moissonné vos champs, et dont vous les avez frustrés, crie, et les clameurs des moissonneurs sont parvenues jusqu'aux oreilles du Seigneur des armées. Vous avez vécu dans les voluptés et dans le luxe, vous avez rassasié vos cœurs au jour du carnage. Vous avez condamné, vous avez tué le juste ; il ne vous résiste pas.*» (**Jacques 5:1-6**).

Les disciples de Christ doivent veiller à ne pas faire partie de cette catégorie incriminée par Jacques dans son réquisitoire.

Pourquoi les derniers deviennent-ils les premiers ?

Le même phénomène agit ici dans l'autre sens. Les derniers sont toujours conscients de leur incapacité. Alors ils ont tendance à s'attendre à Dieu et à Le glorifier pour la moindre de Ses providences. C'est ainsi que Dieu *qui confond les sages à partir des choses viles, et humilie les forts à partir des faibles*, rappellera encore les humains à Son bon souvenir, en élevant les petits devant les grands et les nobles. Cas de Joseph élevé par le Pharaon, d'Esther, de Mardochée, de Daniel et ses trois amis, tous élevés, en leur temps, par de grands et puissants rois.

Jésus a par ailleurs soutenu ce qui suit : «*Celui qui ne reçoit pas le royaume de Dieu* **comme un petit enfant**, *n'y entrera pas.*» (**Marc 10:15**). Le Seigneur exige donc de faire profil bas lorsqu'on traite des affaires du royaume de Dieu. L'humilité est de rigueur. Nul ne pourra s'offrir le royaume de Dieu en prenant les gens de haut, en parlant avec condescendance à autrui. Que possède-t-on qui ne vienne réellement de Dieu ? Rien (**1 Corinthiens 4:7**). Dieu est donc seul à mériter la gloire ainsi que ceux à qui Dieu veut bien l'accorder : Ses disciples sous réserve que Dieu soit glorifié en premier et eux en second.

Aussi Dieu, pour réprimer la stratégie consistant à accéder aux meilleures places sur la base de la splendeur, élève-Il les humbles.

Toute la pédagogie du salut en Jésus-Christ est donc bâtie sur le fondement qui reconnaît à Dieu seul la gloire, et aux autres l'humilité. Toute la gloire doit revenir à Dieu seul. Tout disciple, quel que soit son âge, est un petit enfant de qui Dieu attend la louange car «*Il a tiré la louange de la bouche des enfants*» (**Psaumes 8:3, Matthieu 21:16**). Amen !

Tous les humains ont péché et sont privés de la gloire de Dieu

«*Car il n'y a pas de distinction : tous ont péché et sont privés de la gloire de Dieu*» **Romains 3:23**.

Tout homme à la naissance est un pécheur, un statut né de la sentence de Dieu contre Adam et sa descendance. En condamnant Adam à retourner à la poussière d'où il fut formé (**Genèse 3:19**), Dieu a frappé la descendance d'Adam du même sort. Il est en effet écrit : «*C'est pourquoi, de même que par un seul homme le péché est entré dans le monde, et par le péché la mort, et qu'ainsi la mort a passé sur tous les hommes, parce que tous ont péché*» (**Romains 5:12**). L'apôtre Paul renchérit plus loin : «*Cependant la mort a régné depuis Adam jusqu'à Moïse, même sur ceux qui n'avaient pas péché par une transgression semblable à celle d'Adam, lequel est la figure de celui qui devait venir.*» (**Verset 14**). La mort que l'homme subit d'une génération à l'autre n'est pas liée à ses méfaits. Bon ou mauvais, il meurt parce que Dieu en a décidé ainsi depuis la condamnation d'Adam. Il est par conséquent clair que Dieu ne peut pas donner Sa gloire à l'homme pécheur. Dieu ne supporte pas que l'homme mortel se glorifie de quelque atout que ce soit : intelligence, force, richesse, etc. Dieu seul est digne de gloire dans l'univers. Les hommes étant donc privés de la gloire de Dieu à la naissance, peu importe qu'ils aient commis ou non un péché semblable à celui d'Adam, Dieu ne supporte pas que l'un d'eux se glorifie de quelque manière que ce soit.

Toute autoglorification est donc malvenue et passible des pires sanctions divines, à l'instar de celle que Dieu infligea à Hérode. En plein stade, ce dernier se félicita de la louange qu'il tirait des hommes plutôt que de la donner à Dieu : «*Au jour fixé, Hérode, revêtu de ses habits royaux, s'assit à la tribune et les harangua. Le peuple s'écria : Voix d'un dieu, et non d'un homme ! A l'instant, un ange du Seigneur le frappa, parce qu'il n'avait pas donné gloire à Dieu. Et, rongé par des vers, il expira.*» (**Actes 12:21-23**).

Il n'est donc pas indiqué de s'attribuer la moindre parcelle de gloire sur la terre malgré des atouts et avantages importants. Tout disciples de Jésus-Christ devrait s'abstenir de se vanter de quoique ce soit qui lui confère un avantage sur les autres : succès, richesse, victoire, etc. Toute gloire devrait revenir à Dieu. Jésus a donné une parabole illustrant bien que nul ne devrait se glorifier de quoique ce soit sur la terre en dehors de Dieu : «*La terre d'un homme riche avait beaucoup rapporté. Il raisonnait en lui–même et disait : Que ferai–je ? Car je n'ai pas de place pour amasser mes récoltes. Voici, dit–il, ce que je ferai : j'abattrai mes greniers, j'en bâtirai de plus grands, j'y amasserai tout mon blé et mes biens, et je dirai à mon âme : Mon âme, tu as beaucoup de biens en réserve pour plusieurs années ; repose–toi, mange, bois et réjouis–toi. Mais Dieu lui dit : Insensé ! Cette nuit même ton âme te sera redemandée ; et ce que tu as préparé, à qui cela sera–t–il ? Il en est ainsi de celui qui accumule des trésors pour lui–même, et qui n'est pas riche pour Dieu*.» (**Luc 12:16-21**). Ce riche s'était permis de prendre l'avenir en otage en s'appuyant sur sa richesse alors que Dieu seul tient l'avenir dans Ses mains. Il est en effet *l'Alpha et l'Oméga*. En agissant ainsi, l'homme empiéta sur le domaine réservé de Dieu, cela lui fut fatal.

Le réflexe consistant à glorifier Dieu dans toutes choses n'est pas naturel dans ce monde. Le disciple devrait pousser son âme à louer le Seigneur dans chaque chose.

L'homme le premier devint dernier, avant de se voir offrir la possibilité de redevenir premier grâce à la mort et à la résurrection de Jésus-Christ

L'homme fut créé roi par Dieu. La bible affirme dans la Genèse ce qui suit : «*Dieu créa l'homme à Son image : Il le créa à l'image de Dieu, homme et femme Il les créa. Dieu les bénit et Dieu leur dit : Soyez féconds, multipliez–vous, remplissez la terre et soumettez–la. Dominez sur les poissons de la mer, sur les oiseaux du ciel et sur tout animal qui rampe sur la terre.*» (**Genèse 1:27-28**).

L'homme fut créé avec le pouvoir d'être fécond, de se multiplier, de remplir et de soumettre la terre. Il a aussi été créé avec le pouvoir de dominer sur les poissons, les oiseaux et sur tout animal terrestre : baleines, requins, crocodiles, lions, gorilles, ours, serpents. Cela fait de l'homme un roi, un premier à sa création.

Mais suite à sa chute, Dieu prononça une sentence qui bouleversa ce rôle. L'homme formé à partir de la poussière fut condamné à y retourner. Le serpent qui lui était soumis fut condamné à manger la poussière jusqu'à la fin. Etrange retournement de situation. Il est constant que les bêtes féroces, les tigres, les requins, les ours font des ravages dans le camp des humains en tuant un grand nombre d'entre eux. L'homme-roi s'est donc retrouvé battu sur sa propre terre.

Ainsi comme indiqué dans le chapitre précédent, le péché prive l'homme de la gloire de Dieu. Tout païen aujourd'hui est privé de la gloire de Dieu à sa naissance, quelle que soit sa réussite future.

Béni soit Dieu qui a envoyé Son Fils unique dans un corps semblable à l'homme afin que le péché qui privait l'homme de la gloire de Dieu soit crucifié dans la chair. Jésus a si bien réussi Sa mission que «*Dieu L'a souverainement élevé et Lui a donné le nom qui est au–dessus de tout nom, afin* **qu'au nom de Jésus tout genou fléchisse dans les cieux, sur la terre et sous la terre, et que toute langue confesse que Jésus–Christ est Seigneur, à la gloire de Dieu le Père.**» (**Philippiens 2:9-11**).

Dieu a donc restauré l'homme dans sa royauté première à travers le Christ, à condition qu'il croie que Jésus-Christ est le Fils du Dieu vivant. La bible déclare ce qui suit : «*Je suis crucifié avec Christ, et* **ce n'est plus moi qui vis, c'est Christ, qui vit en moi** *; ma vie présente dans la chair, je la vis dans la foi au Fils de Dieu, qui m'a aimé et qui* **S'est livré lui–même pour moi**.» (**Galates 2:20**).

Le disciple de Christ peut maintenant juger les anges. La bible dit en effet : «*Ne savez–vous pas que nous jugerons les anges ?*» (**1 Corinthiens 6:3**).

Gloire à Dieu !

Que faire ?

Se soumettre aux autorités installées

La science et la philosophie ont développé et sophistiqué la connaissance au point de la certifier par des diplômes et attestations. Ainsi avons-nous des docteurs, ingénieurs, enseignants, gestionnaires, administrateurs, techniciens, magistrats et maîtres. L'exercice de la connaissance a aussi engendré l'expérience professionnelle. Tout cela amène l'homme ordinaire à se mesurer aux autres sur la base de ces attributs et accessoires. Nous pouvons dès lors penser que nous devrions être mieux considérés et respectés que/par ceux qui sont moins diplômés et expérimentés. D'où de nombreuses luttes de positionnement partout où hommes et femmes sont appelés à cohabiter. De manière précise, il est fréquent qu'un subalterne, s'estimant mieux qualifié que son patron, aspire à remplacer ce dernier, souvent de manière ostentatoire. Il profitera alors de la moindre maladresse du patron pour le critiquer ouvertement, provoquant des situations inconfortables pour ce dernier.

Le disciple de Christ, sur la base du présent enseignement, devrait éviter les luttes de pouvoir pour lui-même, et accepter de se soumettre, de gaîté de cœur, à tout patron moins diplômé, moins expérimenté voire maladroit. Il devra maintenir cette abnégation même si ce patron le tacle par jalousie et complexe. Il devra s'éloigner de tous ceux qui, jugeant ce patron incompétent, tenteront d'évincer ce dernier. Mieux, il devra soutenir ce patron dans ses difficultés sans chercher à se mettre en évidence. Nous voulons dire qu'il pourra se substituer à ce patron, dans de nombreux actes, et éviter les mentions du genre «par ordre / par délégation / par intérim» qui sont pourtant d'usage. Il est clair que si l'usage autorise les mentions «par délégation ou par ordre», cela peut parfaitement dissimuler l'intention de se mettre en évidence, ce qui n'est pas dénué de calcul. Le disciple de Jésus-Christ doit s'effacer et attendre patiemment l'intervention du Seigneur. Il ne saurait accéder aux places d'honneur ou d'autorité par des voies humaines comme font les païens. C'est ainsi qu'étant même premier de classe, il glissera volontairement au second plan en laissant au Seigneur l'initiative de l'élever au sein de l'organisation. De manière précise, le disciple de Jésus-Christ doit vivre avec le sentiment que personne d'autre que le Seigneur est conscient de sa présence au sein de l'organisation. Toute initiative égoïste pour attirer l'attention sur lui devrait être proscrite. Telle est la posture de la foi. Le disciple vit pour le Seigneur et non plus pour lui-même.

Quand bien même le diplôme et l'expérience professionnelle sont des atouts déterminants dans le choix des personnes et l'attribution des postes de responsabilité, ces qualités visibles rentrent dans la catégorie de l'apparence et de la splendeur. Dieu ne souhaite pas que Son disciple recoure à ces attributs pour se hisser à la première place. La première place appartient définitivement à Dieu et à quiconque Il agrée à ce poste.

Ce processus prendra le temps que le Seigneur décidera. Le disciple de Jésus-Christ doit porter sa croix le temps voulu par Dieu, sans forcer le destin.

En toute honnêteté, Dieu est le seul Chef qui existe dans l'univers. Il n'a pas de concurrent à ce poste. Ainsi tout chef quelconque n'est autre qu'une autorité que Dieu a installée, même si derrière sa promotion, se trouve un acte humain (décret, arrêté, circulaire, édit, note, etc.). Tout chef est réputé avoir été promu et installé par Dieu. C'est pourquoi l'apôtre Paul, dans son épitre aux Romains, appelait tout disciple à se soumettre aux autorités car, précisait-il, *toutes les autorités ont été installées par Dieu* (**Romains 13:1**).

Prendre humblement un train en marche sans le perturber

Le disciple de Jésus, quelle que soit sa notoriété, doit avoir à l'esprit de ne pas aspirer aux premières places lorsqu'il s'insère dans un processus en cours : réunion, projet, commission, entreprise. Il doit savoir qu'il est un représentant (ambassadeur) de Christ partout où il va (**2 Corinthiens 5:20**). A ce titre, Jésus a déjà tout arrangé pour lui. Le disciple a juste à se glisser dans la chemise qui l'attend déjà. Pour découvrir cette chemise, il doit s'effacer dans un premier temps comme un bon dernier. Quand bien même le disciple se verrait plus brillant et expérimenté que les autres membres du processus, il doit se limiter à occuper les places libres, de préférence celles placées aux derniers rangs, sans forcer le destin. Par la pertinence et l'intelligence de ses interventions, le Seigneur orientera à Sa guise les regards vers lui afin de mettre Son disciple en valeur, à la place que le Seigneur lui a réservée avant la fondation du monde, lorsqu'Il l'a inscrit dans le Livre de Vie.

Attendre la manifestation de cette place prévue par le Seigneur exigera du disciple de la patience car le temps de Dieu ne se négocie pas. Souvenons-nous de Sara. Elle attendit au-delà des limites de la patience humaine mais rien n'y fit. En désespoir de cause, elle introduisit, selon la coutume de l'époque, sa servante Aguar dans le lit d'Abraham, son époux, afin d'assurer à ce dernier une descendance. Dieu attendit encore, après cet épisode dramatique, treize années avant d'annoncer l'arrivée du fils tant espéré, Isaac. L'impatience de Sara ne modifia pas le plan de Dieu. Ce plan attendit sa maturité malgré le péril que représentait le fils d'Aguar, Ismaël, pour la succession.

La patience devrait être le maitre-mot du disciple lorsqu'il s'attend à Dieu.

Que les autres vous louent et non votre propre bouche

> «*Qu'un autre te loue, et non ta bouche, un étranger, et non tes lèvres.*» **Proverbes 27:2**.

> «*Jésus dit : Si c'est Moi qui rends témoignage de Moi–même, Mon témoignage n'est pas vrai. C'est un autre qui rend témoignage de Moi, et Je sais que le témoignage qu'il rend de Moi est vrai.*» **Jean 5:31-32**.

Un des signes caractéristiques des humains est la propension à vanter leurs atouts, parfois avec force publicité. Etre dernier exigera alors du disciple qu'il fasse profil bas sans rien ébruiter de ses atouts naturels ou professionnels. Le Seigneur Jésus disait à Ses contemporains : «*Si c'est Moi qui rends témoignage de Moi–même, Mon témoignage n'est pas vrai*» (**Jean 5:31**).

Le disciple de Christ n'a donc pas besoin de publicité pour briller dans le monde. Le Seigneur a dit de Ses disciples qu'ils sont *la lumière du monde* (**Matthieu 5:14**). L'apôtre Paul renchérit plus loin en disant que les disciples du Christ *brillent comme des flambeaux dans le monde* (**Philippiens 2:15**).

Prenons garde de ne pas voir dans cette manière de faire, la condamnation des stratégies commerciales de pénétration des marchés par les entreprises selon la chair. Nous faisons plutôt allusion aux atouts personnels en rapport avec la vie avec Dieu. Un disciple de Jésus-Christ ne peut s'interdire d'apprendre les techniques de conquête d'un marché par la publicité surtout si la survie de l'entreprise qui l'emploie est à ce prix.

Le disciple de Jésus-Christ évitera soigneusement d'exposer ses atouts en public comme pour évincer un rival à titre personnel.

Estimer-les autres au-dessus de soi-même

> «Ne *faites rien par rivalité ou par vaine gloire, mais dans l'humilité, estimez les autres supérieurs à vous–mêmes. Que chacun de vous, au lieu de considérer ses propres intérêts, considère aussi ceux des autres.*» **Philippiens 2:3-4**.

Cet appel de l'apôtre Paul en direction des Philippiens est l'une des meilleures armes pour contenir un égo et améliorer les rapports entre disciples. Les rivalités entre disciples autour de la connaissance de la parole de Dieu sont proscrites. L'appel de Paul à ses contemporains venait à point nommé pour déconseiller une pratique courante dans les milieux chrétiens de son époque. Inutile de dire que ces pratiques se sont cristallisées au fil des siècles dans les églises. Ce rappel vient donc à point nommé pour dissuader les amateurs de ces procédés.

La bonne attitude dans l'église consistera à abandonner toute position de confort personnel et à servir. Jésus dit : «*Si quelqu'un veut être le premier, **qu'il soit le dernier de tous et le serviteur de tous.***» (**Marc 9:35**). Jésus dit «*Qu'il soit le dernier et le serviteur de tous*». Il s'agit donc d'un appel lancé aux principaux concernés et non aux autres. Le Seigneur ne demande pas à l'église de considérer un disciple, patron selon la chair, comme un moindre serviteur. Il n'appartient pas à l'église de déconsidérer une autorité selon la chair. Mais le Seigneur demande à celui-là même qui occupe une position de prestige (patron, directeur, général d'armée, ministre, commandant, etc.) de descendre de son piédestal de son propre gré. Même dans les locaux de l'église, un disciple de Christ aura tendance à se soumettre à son patron selon la chair. En général, c'est ce qui se passe. Le Seigneur, qui ne souhaite pas que les choses se passent ainsi, S'adresse directement à ce patron selon la chair afin qu'il fasse profil bas. Ainsi donc, le disciple patron selon la chair s'évertuera à servir les autres. Qu'il n'attende pas d'être servi, qu'il prenne l'initiative de servir. Qu'il n'exige pas les places les plus confortables de la salle de réunion, qu'il se dirige plutôt, de son propre gré, vers les dernières places et insiste pour y rester, même si le service d'ordre veut agir autrement. Qu'il aille physiquement, de son propre gré, rendre visite aux malades, même les moins nantis selon la chair, plutôt que de juste envoyer un soutien financier et matériel. Qu'il évite les occasions d'être traité comme un maître selon la chair car c'est ce qui arrivera s'il n'y prend garde. C'est au disciple patron selon la chair de prendre l'initiative de son humiliation volontaire et non aux membres de l'église de l'y contraindre. Car il est écrit : «*Que le riche au contraire se glorifie de son humiliation ; car il passera comme la fleur de l'herbe.*» (**Jacques 1:10**). Se *glorifier de son humiliation* signifie qu'il approuve de bon gré.

> Une situation cocasse arrive lorsqu'un disciple de Jésus-Christ se retrouve dans l'église en présence de son serviteur selon la chair. Naturellement, le serviteur sera embarrassé et voudra reproduire au sein de la communauté chrétienne, le même rapport de force que dans le monde. Si l'on ne peut blâmer le serviteur qui se comporte ainsi, en revanche, le disciple-patron qui se fait honorer ainsi est à blâmer car c'est lui qui devrait prendre l'initiative de servir son serviteur selon la chair, en cas de nécessité. C'est cela que Jésus entend par «*Les premiers seront les derniers*». Par ces mots, Jésus n'a jamais

> demandé aux humains de mépriser les premiers en les déconsidérant, autrement les gens seraient encouragés à mépriser les autorités qui gouvernent. La bible s'y oppose (**Romains 13:1**). Jésus lance plutôt un appel aux premiers afin qu'ils s'humilient <u>volontairement</u> pour casser la dynamique de Satan qui a toujours encouragé les premiers à se servir de leurs atouts, voire à en abuser, pour obtenir des privilèges de tous genres.

Accepter humblement la décision de Dieu même si elle vous est défavorable

Plusieurs exemples dans la bible confirment ce conseil.

Après environ quarante années de dur labeur, Moïse, ce grand serviteur de Dieu, s'exprima légèrement des lèvres face au peuple israélite qu'il conduisait en terre promise. Dieu dans Sa colère, priva Moise et Aaron de la terre promise. Ils furent remplacés respectivement par Josué, fidèle lieutenant de Moïse, et Eléazar, fils d'Aaron. Si le passage de témoin entre Aaron et son fils Eléazar est naturellement accepté par les hommes, en revanche, la transition en faveur d'un étranger ne se passe pas souvent sans difficulté. Il est manifeste que Josué, fils de Noun, n'appartenait pas à la famille de Lévi dont Moïse était issu, famille à qui Dieu avait confié la gestion du temple et les sacrifices. Josué étant de la tribu d'Ephraïm, Moïse issu de la tribu de Lévi, aurait pu manifester de l'animosité envers celui-là qui privait sa tribu d'un si grand honneur en Israël. Mais il n'en fut rien. Moïse accepta la sanction divine et installa Josué à la tête d'Israël avant sa mort.

La même transition fut combattue, en revanche, par le roi Saül, de la tribu de Benjamin, que Dieu écarta au profit de David, de la tribu de Juda. Voyant le trône d'Israël échapper à sa tribu, le roi Saül entra dans une animosité profonde, pourchassant David à mort jusqu'à bruler des villes entières soupçonnées de l'héberger. Finalement, non seulement David hérita du trône d'Israël, mais aussi, le nom de Saül fut effacé sur la terre. Il n'eut plus de descendant mâle au-delà de la troisième génération. Sa fille cadette, qu'il maria à David, n'eut pas d'enfant. Sa fille aînée perdit la totalité de ses enfants lorsqu'Israël fut purifié d'une malédiction anciennement provoquée par Saül.

La bible relate l'épopée de nombreux rois d'Israël qui durent combattre des successeurs choisis par Dieu hors de leur famille. C'est le cas du roi Salomon qui persécuta Jéroboam, préposé comme futur roi du royaume du nord après partition du grand Israël en deux royaumes.

Si un disciple de Jésus-Christ venait à être corrigé par une décision coercitive de Dieu, il lui faudra accepter ladite décision et glorifier Dieu. Car c'est comme un fils que Dieu le corrige (**Hébreux 12:7**).

Rejeter toute habitude ayant un rapport quelconque avec les tendances du diable

Nous voulons dire qu'un disciple doit s'examiner lui-même et s'assurer qu'il n'a rien avec le diable dans toute opération où il est engagé. Est-il en compétition avec un rival ? Qu'il évite de le diffamer. Bien au contraire, qu'il indique que le rival est bien armé pour réussir l'opération et qu'il acceptera paisiblement la décision finale du client. Surtout, ne pas dénigrer le rival sous prétexte que c'est de bonne guerre. Telle n'est pas la voie du disciple de Christ.

Le disciple est-il contesté dans ses mérites par des gens de mauvaise foi ? Qu'il ne fasse rien qui puisse donner à penser qu'il est irrité. Qu'il ne fasse rien pour amplifier le profil qu'il a donné de lui-même. Qu'il maintienne une position de dignité laissant penser que la sous-estimation de ses compétences ne sera pas la fin du monde pour lui, même si dans le fond, il nourrit beaucoup d'espoir pour le poste convoité. En fait, le disciple de Christ doit rechercher uniquement le travail que Dieu a choisi pour lui, étant conscient que Dieu a le pouvoir de protéger ce travail contre vents et marrées, contre les comités de sélection les plus exigeants.

Le disciple est-il faussement accusé ? Qu'il se borne à dire la vérité et rien que la vérité, sans imputer aux autres ce qui lui est reproché.

Dans tous ces différents cas, le Seigneur appréciera à chaque fois la tendance de Son disciple à prendre une place secondaire.

N'oublions pas cette leçon de l'apôtre Paul : «*Quand je suis faible, c'est alors que je suis fort.*» (**2 Corinthiens 12:10**). L'apôtre tira cette leçon après que le Seigneur Jésus lui dit : «*Ma grâce te suffit, car **Ma puissance s'accomplit dans la faiblesse**.*» (**Verset 9**).

Au lieu de l'attitude consistant à sauter sur la moindre occasion pour exposer forces et atouts, la foi suggère de faire profil bas pour que la puissance du Seigneur prenne le relai. Pourquoi ? Parce que ceux qui exposent leurs forces et atouts s'en glorifieront aux dépens de Dieu. C'est l'approche diabolique qui meuble l'intelligence obscurcie de ce monde. Tandis que celui qui est soutenu par le Seigneur, dans sa faiblesse, remettra toute gloire à Dieu. Alléluia !

Respecter le temps de Dieu pour soi

L'impatience est la ruine de l'âme. S'il y a un domaine où Dieu ne S'accorde pas avec les humains, c'est Sa patience. Dieu est *lent à la colère*, surtout lorsque la victime d'une injustice exige réparation immédiate pour calmer sa colère. Dieu demande au contraire à Ses disciples de *bénir leurs ennemis et de prier pour eux*. Dieu demande même de *tendre l'autre joue* après qu'on a été giflé, de *faire un second mile* après qu'on a été contraint d'en faire le premier, de *céder une seconde tunique* après qu'on s'est fait arracher la première.

Toutes ces attitudes sont recommandées aux disciples dans un contexte où les victimes, dans leur impatience, se seraient ruées chez le juge pour réclamer réparation. Dieu demande que toute vengeance ou rétribution Lui soit confiée (**Hébreux 10:30, Deutéronome 32:35-36**). En conséquence, les enfants de Dieu ne se préoccupent plus de la rétribution qui est alors récupérée par Dieu. Quand est-ce que Dieu leur rendra-t-Il justice ? Nul ne sait. Dieu seul sait et attend que Ses disciples s'en tiennent à Sa promesse. En privant Ses disciples du droit de se venger, Dieu leur retire le souci d'avoir à s'en charger. Dans la pratique, il est révoltant de passer sur une offense lorsqu'on a été abusé. Il est plutôt tentant de vouloir se venger de suite, mais Dieu ne procède pas ainsi.

Ainsi, bien que Sara trouvât le temps long à donner une descendance à son mari Abraham, allant jusqu'à prendre le risque d'introduire sa servante sur le lit de ce dernier, Dieu ne changea pas pour autant Son plan qui s'exécuta au temps voulu par Lui et seulement Lui. Bien que Job ne voulût pas souffrir longtemps de la perte de ses biens et de sa santé, rien n'y fit. Dieu le maintint dans la détresse le temps fixé par Ses soins, provoquant même l'impatience de trois témoins qui s'exprimèrent légèrement des lèvres. Mais au temps fixé et voulu par Dieu et seulement Lui, Sara accoucha d'Isaac, Job fut rétabli dans ses biens et sa santé.

En tant qu'humain, il est difficile d'enseigner la patience aux autres humains, fussent-ils disciples de Christ, car on reconnaît soi-même avoir été plusieurs fois dans la précipitation et l'impatience. Mais il faut s'en tenir au temps de Dieu. Il est très inconvenant et douloureux d'attendre en silence le salut de l'Eternel, mais il faut le faire.

Reconnaître son incompétence en remettant tout pouvoir à Dieu

«*Jésus répondit : Ce qui est impossible aux hommes est possible à Dieu.*» **Luc 18:27.**

«*Je puis tout par Celui qui me fortifie.*» **Philippiens 4:13.**

«*Car c'est Dieu Lui–même qui agit en vous, pour produire à la fois le vouloir et le faire conformément à Son projet plein d'amour.*» **Philippiens 2:13 (Bible Semeurs).**

«*Si quelqu'un sert, que ce soit par la force que Dieu lui accorde, afin qu'en toutes choses Dieu soit glorifié par Jésus–Christ, à Qui appartiennent la gloire et la puissance aux siècles des siècles. Amen !*» **1 Pierre 4:11.**

S'il y a une chose que les hommes ont retenue au fil des siècles de labeur, mangeant à la sueur de leur front, c'est l'apprentissage ainsi que de nombreuses expériences documentées sous forme de manuels. En gros, l'homme a appris à se battre contre l'adversité, les aléas et les vicissitudes de l'existence. C'est donc naturellement qu'il va rechercher dans sa mémoire les leçons apprises dont il a besoin pour relever les défis de la vie. Cette tendance est inscrite dans le génome de l'homme depuis son expulsion du Jardin d'Eden vers cette *terre qui lui produira des ronces*.

Lorsqu'une personne se convertit au Seigneur Jésus-Christ, cette tendance continue d'animer sa vie chrétienne du début, dans la mesure où il n'y a aucun mal à s'inspirer des leçons apprises pour affronter l'existence.

Les différents versets ci-dessus suggèrent une réflexion différente. Ils posent la question ci-après : Que faire face aux problèmes qui se présentent aux disciples de Jésus-Christ ? Ces différents versets suggèrent ce qui suit : Tout remettre à Dieu quant aux solutions à apporter même si, selon l'expérience, ces solutions peuvent être évidentes. Avoir le réflexe de s'ouvrir à Dieu pour résoudre un problème avant de recourir aux méthodes enseignées selon la chair.

Dans la pratique, bien évidemment, les solutions évidentes sont les bienvenues. Il arrivera cependant que ces solutions évidentes ne produisent pas l'effet souhaité. Faut-il alors forcer le destin en recherchant toutes sortes d'alternatives selon la chair ? Face à la résistance, il est fortement recommandé de capituler, d'avouer à Dieu son impuissance car ce qui est impossible aux hommes Lui est possible. L'apôtre Pierre recommande d'agir par la force que Dieu met dans le disciple afin que toute la gloire revienne à Dieu. L'apôtre Paul va même plus loin en révélant que Dieu accomplit le vouloir et le faire. A ce titre, lorsque l'évidence ne suffit pas à les tirer d'affaires, les disciples ne doivent pas s'acharner à rechercher une solution particulière comme font les païens. La parole de Dieu suggère de toujours s'en remettre à Dieu pour tout problème sans paniquer, ni déprimer comme les païens qui n'ont pas la même espérance que les chrétiens. L'apôtre Pierre exhorte en disant : *Déchargez–vous sur Dieu de **tous vos soucis**, car Il prend soin de vous* (**1 Pierre 5:7**).

En demandant aux disciples de décharger tous leurs soucis sur le Seigneur, l'apôtre Pierre prend le contrepied des tendances d'un monde inféodé aux méthodes scientifiques et philosophiques, académiques. Il suggère donc de capituler devant Dieu. Le monde fait confiance aux méthodes académiques (comme font les premiers) alors que la bible suggère aux disciples de Jésus-Christ de capituler (comme des derniers) en remettant tout pouvoir à Dieu.

Même si en pratique, l'attente de la solution de Dieu parait longue et lassante, il faut que le disciple insiste à attendre l'aboutissement de la solution de Dieu, sans broncher ni murmurer. C'est ça que la bible appelle *la patience qui résulte de l'épreuve de la foi* (**Jacques 1:3**). Abraham et Sara durent patienter jusqu'à l'arrivée de leur fils unique Isaac, à un âge avancé. Etait-ce aisé d'attendre si longtemps ? Pas du tout. Mais il faut attendre en silence la délivrance de Dieu quel que soit le temps d'attente. Cette patience fut aussi celle de Joseph qui, d'esclave puis prisonnier, alla gouverner l'Egypte ; celle d'Esther et Mardochée en Assyrie ; celle d'Elisabeth enceinte du prophète Jean-Baptiste à un âge avancé ; celle de Job attendant la délivrance après avoir perdu tous ses biens, ses enfants et sa santé. Cette patience peut être vue comme celle du dernier qui attend paresseusement que tout se passe, une situation qui a l'inconvénient d'irriter le monde selon la chair. Mais le disciple de Dieu doit s'attendre à son Père qui ne le décevra pas. Amen.

Ce qu'il ne faut pas faire : détruire volontairement ses atouts de premier

Il nous faut encore insister, au risque de nous répéter, qu'il ne s'agit pas de détruire les atouts visibles ou les ingrédients de la splendeur personnelle pour échapper à la première place. Il existe une différence notoire entre passer outre ces atouts, pour prendre la dernière place, et les détruire aux mêmes fins. Dieu ne demande pas de détruire les atouts exceptionnels, mais de les ignorer pour prendre les places lambda.

Le cas de Jésus est parfaitement instructif. Jésus était-Il dans l'impossibilité d'user de Ses pouvoirs lorsqu'Il prêchait sur terre ? Pas du tout. Il guérissait les malades, chassait les démons, ouvrait les yeux des aveugles, les oreilles des sourds et la bouche des muets. Avait-Il la possibilité de mobiliser des myriades d'anges pour empêcher Son arrestation à Gethsémané ? Oui. Cependant, malgré ces atouts qui auraient pu Le faire roi à Jérusalem (**Jean 6:15**), Jésus Se fit le serviteur de Ses disciples. Il alla jusqu'à leur laver les pieds, les ménager pour Se prendre le sale boulot consistant à congédier des milliers de personnes après une dure journée de prédication et de multiplication des pains. Jésus montra qu'on pouvait avoir les pouvoirs qu'Il avait, y compris celui de la transfiguration, et se contenter de servir plutôt que d'être servi.

C'est dire qu'on peut être la plus belle fille de la cité et, sans détruire ces atouts pour devenir laide, accepter d'être vendeuse ou caissière dans une boutique de prêt-à-porter au lieu de déambuler dans la cité en quête du premier fortuné venu.

On peut bien être grand-officier de l'armée et se mettre en tenue civile devant un guichet de la poste, plutôt que de revêtir sa tenue d'apparat pour bénéficier de passe-droits.

On peut être patron d'entreprise et prêter main forte aux plombiers ou pompiers lors d'une intervention. Ou entrer dans une église modeste sans réclamer les places d'honneur que, malheureusement, des pasteurs mal affermis réservent aux patrons selon la chair.

De nombreux historiens soutiennent que les vêtements de Jésus étaient de qualité supérieure car cousus d'une seule pièce et ayant fait l'objet d'un tirage au sort entre les soldats qui L'avaient crucifié. En effet, on n'aurait jamais tiré Ses vêtements au sort s'ils ne présentaient aucun intérêt. Et il nous semble qu'à cette époque, le commerce des souvenirs n'existait pas comme aujourd'hui pour justifier qu'un antiquaire puisse les acheter et faire fortune. En outre, les souvenirs d'un condamné à mort étaient frappés d'interdit par les autorités. Dans le passé et jusqu'à la suppression de la peine de mort tout récemment, les condamnés à mort se voyaient interdits de publicité post-mortem afin d'effacer leurs souvenirs sur la terre. C'est donc dire que Jésus ne cachait pas Ses attributs de Seigneur et Maitre. En dépit de ces atouts visibles, Il lava les pieds de Ses disciples, multiplia les pains et congédia les populations après avoir mis Ses compagnons en sécurité dans des embarcations.

Il n'est donc pas question de détruire les atouts visibles pour éviter d'être premier. Dieu ne demandait pas à l'astre brillant de se faire laid pour Le glorifier. L'astre brillant, fort de sa beauté et de sa splendeur, se devait de glorifier le Tout-Puissant qui l'avait créé ainsi. Mais il prit la direction opposée.

Les disciples de Jésus-Christ, l'humanité en général, quels que soient leurs atouts visibles, sont invités à louer Dieu pour toutes choses et en toutes circonstances. Ils n'ont pas besoin de se faire laids ni pauvres pour glorifier Dieu. Le diable ayant contaminé l'intelligence de ce monde, la pensée populaire veut que ce soit les modestes qui louent Dieu et non les riches et les forts. Riches et forts ont plutôt tendance à imputer leurs réussites aux mérites personnels, sans référence à Dieu, ce que les disciples de Jésus-Christ objectent en donnant toute la gloire au Très-Haut.

> Jésus est-Il donc contre la première place ? Dieu est-Il contre le fait d'être la plus belle fille du monde ? Le plus riche du monde ? Le plus intelligent du monde ? Le plus grand du monde ? Rien de tout cela. Dieu n'a-t-Il pas Lui-même créé l'astre le

plus brillant de la création ? Dieu ne saurait Se renier. Dieu n'a donc rien, et absolument rien, contre la première place, les premiers. Toutefois l'astre brillant s'étant permis d'attenter au Trône de Dieu par la splendeur et la beauté, Dieu décida, comme stratégie anti-satanique, de rejeter la beauté, la splendeur et l'apparence en tant que facteurs d'accès aux places d'honneur. Par cette stratégie, Dieu neutralise le diable et sa tendance à obscurcir l'intelligence du monde.

Ce qu'il ne faut pas faire : refuser une élévation après l'humiliation

«*Plusieurs des premiers seront les derniers, et les derniers seront les premiers.*» **Marc 10:31**.

«*Que le frère de condition humble se glorifie de son élévation.* Que le riche au contraire se glorifie de son humiliation ; car il passera comme la fleur de l'herbe.» **Jacques 1:8-9**.

Tout au long du présent exposé, il a été plusieurs fois répété que les premiers, comme Jésus l'était durant Son ministère terrestre, doivent passer outre leurs splendeurs et atouts pour rejoindre les dernières places, et faire obstacle au diable. Il existe une crainte que les disciples de Jésus-Christ aient une aversion absolue pour la première place. Ce serait une erreur. Une telle posture aurait une apparence de sagesse, tout en étant contreproductive. Au début de ce livre, nous avons vu que de nombreux héros de la bible étaient les derniers avant de devenir premiers (Joseph,

David, Esther, Ruth, Marie Madeleine, etc.). Nous avons aussi listé ceux des premiers qui sont devenus des derniers (Saül, Goliath, Neboukadnetsar, Jésus, Moise, etc.), et ceux qui ont connu des destins partagés (Jésus, Moïse, Neboukadnetsar, Paul).

Il nous faut préciser que si certains héros bibliques ont souvent refusé les avantages que Dieu leur accordait, ces cas relevaient plus de l'exception que de la règle. C'était le cas de l'apôtre Paul qui accepta de vivre célibataire pour le nom de Jésus, sans pour autant prêcher de ne pas se marier (**1 Corinthiens 9:5 & 1 Timothée 4:3**). Ce fut le cas lorsque le même apôtre refusa les offrandes des Corinthiens pour lui-même, sous le prétexte d'un zèle pour Dieu. En règle générale, lorsqu'un disciple de Jésus-Christ accepte de s'humilier, il doit s'attendre à ce que le Seigneur Dieu l'élève en temps opportun, le plus souvent, avant le retour attendu de Christ sur terre.

Si d'aventure un chrétien, après s'être humilié devant les hommes, venait à refuser une promotion du Seigneur Jésus, que cela soit mis sur un excès de zèle pour Dieu, sans en faire une règle. La parole de Dieu dit en effet que *l'humilité précède la gloire* ; et que *les derniers seront les premiers*. Il n'y a donc pas de raison qu'un disciple refuse une promotion du Seigneur, à lui faite pour récompenser son humilité. Ce serait fausser la parole de Dieu. Si une telle décision venait à être prise par un disciple, que cette action ne se transforme pas en règle.

De nombreux exemples de la bible montrent que le Seigneur S'est souvent opposé à une forme excessive de zèle et d'humilité à l'heure de triompher pour Sa gloire. C'est le cas de Moise qui, initialement, résista à l'offre divine d'aller libérer le peuple hébreux de la servitude égyptienne, au motif, soit qu'il n'était pas éloquent, soit que la tâche était immense. C'est le cas des prophètes qui craignaient de ne pas être à la hauteur de la mission et demandaient soit un signe (Gédéon), soit une exhortation (Jérémie). C'est le cas de Jean-Baptiste qui refusa initialement de baptiser

Jésus au motif que c'était à Jésus de le baptiser. C'est le cas de Pierre refusant que Jésus lui lave les pieds avant d'être persuadé de laisser faire.

Nous disons donc que si pour une raison personnelle et particulière, un disciple devait refuser une promotion après avoir souffert l'humiliation, qu'il s'en remette à sa conscience devant Dieu, sans en faire une règle. Car la règle consiste à être élevé après avoir souffert l'humiliation.

Point sur la stratégie de Dieu pour protéger l'homme des méthodes du diable

Comme nous l'avons régulièrement évoqué dans les chapitres précédents, Dieu n'a pas oublié la trahison de l'astre brillant, alias Satan, fondée sur l'apparence, la splendeur et ses atouts visibles. Jamais !

Aussi Dieu a-t-Il décidé d'agir à contrecourant de cette méthode qui consiste, pour Satan, à s'accaparer tout mérite sur la base de l'apparence. Comme les premiers ont les atouts et mérites les plus visibles, Dieu va exiger de ces premiers de devenir les derniers s'ils tiennent à être Ses disciples. Dieu va donc aller contre toute stratégie de Ses créatures, chrétiens ou non, visant la première place par la méthode de Satan. Partout dans la bible, Dieu combat toute récupération de Sa gloire par le mérite, l'apparence ou la splendeur. Il est seul à mériter la gloire, Lui et ceux à qui Il voudra la donner. Nul ne pouvant donc se glorifier en dehors de Lui, quiconque désire se glorifier n'a qu'une seule option : **se glorifier de connaitre Dieu et rien d'autre**. Ne jamais se glorifier de sa richesse, de sa force ou de son intelligence. Dieu seul est digne d'être glorifié.

Dieu a donc porté au pinacle la stratégie contraire à celle du diable, en stipulant que : *les premiers seront les derniers et les derniers les premiers*. Le diable n'aime pas les humbles car il n'a jamais appris l'humilité. La stratégie de Dieu fondée sur l'humilité est donc mortelle pour les plans du diable.

Nous avons examiné plus haut comment, depuis la chute de l'homme et l'infestation de son esprit par les pensées du diable, ce dernier n'a plus besoin d'être présent en personne pour influencer et séduire. Les hommes se contaminent les uns les autres, et les méthodes du diable consistant à obtenir les avantages par l'apparence, le mérite et la splendeur, sont répandues sur toute la surface de la terre.

La méthode consistant à aller à contrecourant de ces méthodes diaboliques est donc un bouclier solide contre cet esprit qui domine le monde. Ainsi Dieu veut que les premiers (ceux qui ont des avantages) deviennent les derniers et ceux-ci (qui n'ont rien et font profil bas) les premiers, contrairement à Satan.

Si Dieu est le Père des esprits et l'assume, le diable est le *père du mensonge* (**Jean 8:44**). Le diable est donc l'inspirateur de tout processus tendant à ravir la première place par la ruse et l'apparence. Le diable a obscurci l'intelligence de l'humanité au point de passer pour une star. Ne dit-on pas souvent : *Il se bat comme un **beau diable** ?* La bible dit cependant : «*Quelle part y a-t-il entre Christ et Bélial ?*» (**1 Corinthiens 6:15**) et «*On ne peut servir à la fois Dieu et Mammon*» (**Luc 16:13**).

Le Seigneur Dieu est tellement engagé contre la méthode de Satan qu'Il a enjoint Son Fils Jésus-Christ à montrer l'exemple, celui d'un premier qui devient dernier. Ainsi comme le dit la bible : «*Lui (Jésus) dont la condition était celle de Dieu [Premier], Il n'a pas estimé comme une proie à arracher d'être égal avec Dieu, mais Il S'est dépouillé Lui–même, en prenant la condition d'esclave, en devenant semblable aux hommes [derniers] ; après S'être trouvé dans la situation d'un homme, Il S'est humilié Lui–même en devenant obéissant jusqu'à la mort, la mort sur la croix [pire que dernier]. C'est pourquoi aussi Dieu L'a souverainement élevé et Lui a donné le nom qui est au–dessus de tout nom, afin qu'au nom de Jésus tout genou fléchisse dans les cieux, sur la terre et sous la terre, et que toute langue confesse que Jésus–Christ est Seigneur [Premier absolu], à la gloire de Dieu le Père.*» (**Philippiens 2:6-11**).

Ce passage comporte trois étapes d'abaissement de Jésus de la première place qu'Il occupait au ciel, comme l'égal de Dieu, à la dernière place parmi les hommes puisqu'Il servait Ses propres disciples plutôt que le contraire. Jésus poussa le zèle plus loin en acceptant la mort réservée aux parias de la société, la crucifixion.

Le fait que Jésus insiste pour que «*Les premiers soient les derniers et les derniers les premiers*», loin de relever de l'humour, n'est autre que la réponse de Dieu au diable qui voulut accéder au Trône divin par l'apparence et la splendeur, atouts propres aux premiers de classe.

Il est intéressant de noter que l'apôtre Jacques (ancien de Jérusalem) transpose cette pensée sur les riches (premiers) et les pauvres (derniers) : «*Que le frère de condition humble [dernier] se glorifie de son élévation [premier]. Que le riche [premier] au contraire (se glorifie) de son humiliation [dernier] ; car il passera comme la fleur de l'herbe. Le soleil s'est levé avec sa chaleur ardente ; il a desséché l'herbe, sa fleur est tombée, et la beauté de son aspect a disparu. Ainsi le riche se flétrira dans ses entreprises.*» (**Jacques 1:9-11**).

Jacques conclut son épître par un appel solennel aux riches (premiers) : «*Reconnaissez votre misère, menez deuil, pleurez ; que votre rire se change en deuil, et votre joie en tristesse. **Humiliez–vous devant le Seigneur, et il vous élèvera.***» (**Jacques 4:9-10**).

Cet exemple montre à quel point Dieu est remonté contre le diable et déconseille à Ses disciples tout système visant l'accès aux places d'honneur par l'apparence, la splendeur et le tape-à-l'œil. En demandant que le *rire se change en tristesse et la joie en tristesse*, Jacques est dans le schéma de Dieu, anti-diabolique, qui recommande aux premiers d'être les derniers afin d'hériter les places d'honneur que Dieu réserve aux humbles.

Les disciples doivent donc rejeter, jusqu'à la tunique souillée, tout comportement pouvant rappeler de près ou de loin le souvenir de l'astre brillant alias Satan.

Dieu S'accorde avec Ses créatures

Dieu étant l'Alpha et l'Oméga, une réflexion basique nous permet de penser que le commencement et la fin sont identiques chez Lui. Il ne peut donc créer des êtres ou des entités qui Lui échapperont. Autant personne n'aimerait que son invention ou son initiative lui échappe, autant il est compréhensible que Dieu ne permette pas à Ses créatures de Lui échapper, ou de couper le cordon ombilical avec Lui. Il s'agit là d'un principe basique et élémentaire. Une femme ne permettra jamais à son bébé de lui échapper quand bien même ce dernier serait devenu grand, civilement et pénalement responsable. C'est un fait. Comment donc imaginer qu'un Dieu si grand, plus puissant qu'une femme, se permette un laxisme pareil ? Seuls les incrédules s'abandonnent à cette utopie. Il ne saurait exister deux capitaines dans un même bateau, autrement le bateau se retrouverait au fond de la mer. C'est le cas d'un royaume avec deux rois, d'un pays avec deux présidents ou d'une maison avec deux époux. Ces ensembles ne peuvent exister à cause du chaos qui en résultera. Aussi l'existence ne peut laisser subsister deux Dieux séparés et rivaux. Impossible car *Il n'y a qu'un seul Dieu et*

Père de tous (**1 Corinthiens 8:6**). La création serait alors dans le chaos. C'est ce que l'astre brillant voulut instituer. Mais il fut recadré et désormais, il passe sa colère sur les humains jusqu'à ce que le temps de la patience de Dieu à son égard soit épuisé.

Non, Dieu n'abandonnera jamais Ses créatures. Sauf si volontairement ces dernières rompent le cordon ombilical avec Lui. C'est le cas de l'astre brillant devenu *Satan, serpent ancien et dragon rouge sang*. L'intention de Dieu à la création est de S'accorder avec Ses créatures et d'être en parfaite harmonie avec elles. C'est Son objectif de toute éternité tel que rappelé par l'apôtre Paul aux éphésiens : «*Dieu nous a fait connaître le **mystère de Sa volonté**, le dessein bienveillant qu'Il S'était proposé en Lui, **pour l'exécuter quand les temps seraient accomplis : réunir sous un seul chef, le Christ, tout ce qui est dans les cieux et ce qui est sur la terre.**»* (**Ephésiens 1:9-10**).

La constellation étoilée et l'aurore boréale rendent hommage à la gloire de Dieu. Le balancement matinal des arbres, le chant des oiseaux et le ronronnement de la nature bruissent d'une symphonie à la gloire de Dieu créateur de toutes choses. Le monde maritime n'est pas en reste.

Dieu l'a voulu ainsi. Il est glorifié par Ses créatures. Dieu ne saurait tolérer un électron libre, une espèce de solitaire qui évoluerait en marge de Sa gloire. Un seul endroit a été aménagé pour ces hors-la-Loi : le lac de feu et de souffre créé pour Satan et ses anges déchus. Dieu déconseille aux humains de les suivre en enfer.

Conclusion

En proclamant que *les premiers seront les derniers et les derniers les premiers*, le Seigneur Jésus-Christ ne S'est pas contenté d'une simple formule parabolique dont Son ministère terrestre était riche. Il ne S'est pas non plus élevé contre ceux qui occupent la première place dans le monde tels que les riches, les rois, les princes, les présidents, les ministres, les gouverneurs, les chefs militaires, les reines de beauté, les grands de la terre. Autrement Il serait contre les autorités que Dieu a établies, ce qui est contradictoire avec Sa parole (**Romains 13:1**). Il S'est plutôt élevé contre le recours aux attributs des premiers, telles que l'apparence et la splendeur, comme moyen d'accéder aux places élevées, notamment le royaume des cieux, Son royaume. Lorsque les chefs dominent sur leurs sujets en imposant leurs privilèges, Jésus exige en revanche que celui qui veut être le plus grand dans Son église, soit le serviteur de tous, le plus petit. Joignant l'acte à la parole, Jésus lava les pieds de Ses disciples, Lui le Maître, en leur demandant d'en perpétuer le principe sur la terre. Jésus ira plus loin en demandant que Ses disciples optent toujours pour la dernière place, tant que cela dépendra d'eux, dans tous les registres de la vie selon la chair. Par exemple exposer la seconde joue après avoir été frappé sur la première, faire un second kilomètre après avoir été contraint d'en faire le premier, céder la seconde tunique après s'être vu arracher la première. Ce ne sont pas assurément des comportements fréquents dans les églises où il règne la paix. Il s'agit là d'actes selon la chair, loin des cercles chrétiens.

Le recours à la dernière place, une approche contraire aux tendances de ce monde, tient de la volonté de Jésus-Christ de contrer l'ex-astre brillant alias Satan, alias le diable, alias Mammon, alias Bélial. Ce dernier se servit de sa splendeur et de sa sublime apparence pour poser l'acte le plus ignoble de la création de Dieu : attenter au Trône de Sa Majesté Céleste plutôt que de Lui donner gloire comme il convient aux créatures de Dieu dont l'astre brillant faisait partie. Satan osa priver Dieu de ce que

Dieu a de plus grand : Sa gloire. Ce n'est pas par hasard que l'on s'écrie toujours "Gloire à Dieu !". En séduisant Adam et Eve dans le Jardin d'Eden, le diable a contaminé l'intelligence de la race humaine qui s'est obscurcie et se ligue désormais contre Dieu. Partout où les hommes et les femmes exploitent leurs attributs visibles (apparence, splendeur, galons, grades) pour accéder aux places d'honneur, on a la preuve matérielle de l'action souterraine et dévastatrice du diable dans leur intelligence. Plus grave, l'intelligence ainsi obscurcie se propage par contagion d'un esprit à l'autre, sans forcément que le diable soit présent. On se copie les uns les autres naturellement. Le diable a juste besoin d'introduire le ver dans le fruit (humain) pour qu'il devienne incomestible et contamine les autres (humains) sur la durée.

En demandant à Ses disciples d'opter pour la dernière place, peu importe les circonstances et leurs attributs naturels ou professionnels, et tant que cela dépende d'eux, le Seigneur Dieu sort un carton rouge contre tout mode opératoire diabolique destiné à dompter le monde et le rallier à sa cause. Ce faisant, Jésus-Christ retire au diable l'une de ses armes favorites et meurtrières dont très peu d'hommes et de femmes sont conscients. Malgré l'appel du Seigneur il y a deux millénaires, très peu de chrétiens ont réellement pris conscience du danger, marqués qu'ils sont par le monde et la tendance à vanter ses mérites loin de Dieu…à la manière du diable.

Partout dans la bible, Dieu a érigé l'humilité des simples d'esprit (derniers) en règle au détriment de l'arrogance des riches (premiers). C'est ainsi *qu'à partir des choses folles du monde [derniers], Dieu confond les sages [premiers] et à partir des choses faibles [derniers], Dieu confond les fortes [premiers]* (**1 corinthiens 1:27**). *Dieu résiste aux orgueilleux, mais il donne Sa grâce aux humbles* (**1 Pierre 5:5**). Dieu exige *Que le frère de condition humble se glorifie de son élévation. Que le riche au contraire (se glorifie) de son humiliation ; car il passera comme la fleur de l'herbe.* (**Jacques 1:9-10**). En remplaçant dans ces deux versets de Jacques "humble" par dernier, "élévation" par premier, puis "riche" par premier et "humiliation" par dernier, nous obtenons ce qui suit : «*Que le dernier se glorifie de devenir premier. Que le premier au contraire se glorifie de devenir dernier, car il passera comme la fleur de l'herbe*». On retrouve donc toujours la même préoccupation du Seigneur qui est d'aller à contrecourant des méthodes du diable fondées sur l'apparence et la splendeur.

Il n'est pas inutile de rappeler qu'il n'appartient à aucun disciple, ni d'ailleurs à personne, d'obliger un premier à devenir dernier. C'est au premier de prendre lui-même l'initiative de son humiliation, tout comme Jésus-Christ Se dépouilla de Son plein gré en quittant la gloire qu'Il avait au ciel pour sauver l'humanité. Si le premier n'agit pas de la sorte, le Seigneur Dieu l'y contraindra à ses dépens.

En se soumettant à l'appel du Seigneur pour l'humilité, au détriment de l'orgueil, le disciple de Jésus-Christ élimine un énorme handicap dans sa poursuite de la sanctification *sans laquelle nul ne verra le Seigneur*.

Si l'on remplace dans la citation du Seigneur "premiers" par "orgueilleux" et "derniers" par "humbles", la jolie déclaration de Jésus-Christ devient «***Les orgueilleux seront les derniers et les humbles les premiers***». Une façon d'inviter Ses disciples à mettre leur orgueil de côté pour promouvoir l'humilité. Gloire à Dieu ! Si on fait tout autant dans la citation «*l'humilité précède la gloire et l'orgueil le désastre*», on aura «***Les derniers seront glorifiés et les premiers détruits***». Ceci résume le processus enseigné par Dieu dans toute la bible, exécuté par Jésus-Christ en tant que Premier-Né de la nouvelle création de Dieu, pour neutraliser les plans du diable et baliser une autoroute d'accès au royaume des cieux par la sanctification.

Quiconque occupe une position de premier plan, mais prend l'initiative de se rabaisser devant Dieu, fait preuve d'humilité et de foi, une arme qui éteint les plans du diable selon qu'il est écrit : «*Prenez, en toutes circonstances,* **le bouclier de la foi, avec lequel vous pourrez éteindre tous les traits enflammés du Malin**» (**Ephésiens 6:16**).

Prière

Seigneur, garde notre esprit loin de l'infestation démonique qui encourage l'exubérance des premiers sur les derniers. Malgré l'environnement fortement marqué par le monde, ses convoitises et ses principes, garde nous purs et humbles. Malgré la tentation à suivre ce monde dans son tape-à-l'œil et la séduction des apparences, purifie nos cœurs et garde nous près de Toi, tout près de Toi Seigneur. Donne-nous toujours la joie et la volonté de rechercher la dernière place, de secourir notre prochain, de donner nos biens aux pauvres afin de nous amasser un trésor au ciel et non sur la terre. Que Ton nom soit à toujours glorifié, amen !

Sommaire détaillé

Edition, Montage infographique :
Job Daniel Jean, ministère chrétien pour l'enseignement
Photo de couverture : Auteur

Cet ouvrage a été conçu, achevé et rendu disponible à l'imprimerie en
juillet 2014

N° d'édition : 01
Dépôt légal : juillet 2014
Imprimé à la demande par CreateSpace/Amazon

www.ingramcontent.com/pod-product-compliance
Lightning Source LLC
Chambersburg PA
CBHW062002040426
42447CB00010B/1876